Finis Mundi

A Última Cultura #5

Editor & Director: Flávio Gonçalves

Conselho Consultivo: M. Bessa, S. Balão, S. Sebastião, V.L.

Conselho Científico
Professor Doutor Alberto Buela
Centro de Estudos Estratégicos Sul-Americanos
Professor Doutor Aleksandr Dugin
Universidade Estatal de Moscovo
Professor Doutor Antonio Grego
Copy Editor Eurasia Rivista di Studi Geopolitici
Professor Doutor António Marques Bessa
Instituto Superior de Ciências Sociais e Políticas
Professor Doutor Christian Bouchet
Doutorado em Antropologia
Professor Doutor Claudio Mutti
Director da Eurasia Rivista di Studi Geopolitici
Professor Doutor Dídimo George Matos
Universidade Federal da Paraíba
Professor Doutor Edu Silvestre de Albuquerque
Universidade Estadual de Ponta Grossa
Professor Doutor Humberto Nuno de Oliveira
Universidade Lusíada
Professor Doutor Mathew Raphael Johnson
Instituto de Altos estudos em Geopolítica e Ciências Auxiliares
Professor Doutor Miguel Varela
Instituto Superior Novas Profissões
Professor Doutor Renato Epifânio
Movimento Internacional Lusófono
Professor Doutor Riccardo Marchi
Instituto de Ciências Sociais
Professora Doutora Sandra Rodrigues Balão
Instituto Superior de Ciências Sociais e Políticas
Professora Doutora Sónia Margarida Sebastião
Instituto Superior de Ciências Sociais e Políticas

Logótipo: Vítor Luís Rodrigues
Redacção: Basílio Martins, João Pedro Cordeiro, Paulo Nabais,
Maikon Portes, Júlio Mendes Rodrigo, João Veríssimo, João Franco

Maquetagem & Distribuição:
Instituto de Altos Estudos em Geopolítica e Ciências Auxiliares
http://iaeg.geopol.com.pt

ISSN: 1647-6476
ERC: 126028
Depósito Legal: 3191122/10
Tiragem: 200 exemplares
Periodicidade: Trimestral

ÍNDICE

A Última
Cultura
Finis
Mundi

CONTINENTALIDADE E MARITIMIDADE
A POLÍTICA EXTERNA DOS IMPÉRIOS
E A POLÍTICA EXTERNA DA CHINA
(Um Ensaio Comparativo)
António Marques Bessa

Tomemos um hipotético poder terrestre, com forças marítimas inferiores.
Não o deixemos ter defesas eficazes
e suponhamos que é incapaz de manter as suas linhas de comunicação
naval ou de impedir o inimigo de o atacar pelo mar. A sua situação seria
incontestavelmente séria,
mas quão séria depende da situação geográfica.
Almirante Raoul Castex,

(Selecção de ensaios editada por United States Naval Institute,
Annapolis, 1994, p.390)

O rei Wu perguntou a T'ai Kung:
"Como podemos preservar o território do Estado?"
T'ai Kung: Não repudies os teus parentes,
não negligencies as massas.
Sê conciliador e solícito com os Estados vizinhos e controla tudo o que
depende da tua autoridade.

Os Seis Ensinamentos secretos de T'ai Kung, Sílabo, p.43

Uma grande parte da história mundial é a história de impérios.
Stephen Howe

Empire, Oxford University Press, 2002, p.1

Tucidides não concebe império, "archê", a não ser marítimo.
Pierre Vidal-Naquet

Prefácio a Thucydide, La Guerre du Péloponnèse, p.7

As políticas externas das grandes potências e das potências regionais costumam obedecer um conjunto de princípios que uma cadeia de geopolíticos já enunciou repetidamente, e que os novos discípulos continuam a apresentar. Se decerto ninguém está à espera do cumprimento da profecia anárquica de Robert Kaplan (The Coming Anarchy, 2000), do mundo prometido por Samuel Huntington (O Choque das Civilizações), melhor fora caminharmos por veredas mais pedestres e académicas como as propostas por Samuel Cohen (Geopolitics of the World System, 2003). Sem considerar o grande poder transatlântico nos termos de Emmanuel Todd (Após o Império), mas também sem aceitar os encómios e esperanças nele depositados de um outro francês, Jean-François Revel (A Obsessão Americana), é de todo urgente que nos coloquemos numa posição de observadores sem interesses firmados nesta ou naquela linha, neste ou naquele mundo futurado.

Porém há que ter atenção ao facto que há séculos, desde os primórdios da experiência da Inglaterra, o problema do poder hegemónico no mundo passou a ser discutido entre aqueles que defendiam posições continentais sólidas com defesas sofisticadas e os núcleos de pensamento marítimo que se insurgiam contra essa ideia, clamando que e continentalidade não chega para garantir a segurança interna e muito menos a hegemonia mundial, porque, afinal, é disso que se trata. As opções não são ingénuas. Quer uma posição quer outra exigem investimentos e um financiamento infindável para as tornar operativas no mundo. Convém notar que os melhores teóricos da guerra são teóricos da guerra em terra. Os grandes clássicos chineses, que os estudiosos exploram como T'ai Kung e Sun Tzu, são continentais no pensamento tal como Napoleão ou Carl von Clausewitz, mas já o grego Tucidedes, na Antiguidade, teve a lucidez de anunciar as facilidades abertas pela janela do mar para manobras de poder militar, no quadro da luta entra Atenas e Esparta.

Assim, a primeira questão a examinar é a da continentalização, primeira fase de construção de poderio interno.

1. A questão da continentalização

Tem-se verificado, historicamente, que o primeiro movimento do grande espaço político num continente é para a sua própria continentalização. As condições geopolíticas favoráveis condicionam a expansão do Estado mais poderoso até aos seus limites possíveis. Através de pressões económicas, políticas e culturais, de disputas fronteiriças, de guerras, vai assumindo progressivamente uma teoria de fronteira flexível.

A centralização do poder político ajuda a esta tarefa, porque a constituição de forças armadas estatais ajuda a estabilização da fronteira e a eliminação de possíveis virtualidades secessionistas de regiões inteiras naquele vasto espaço.

A continentalização possível passa, então, pela constituição de grandes redes de comunicação fluviais e terrestres e estas foram pelos rios e pelas estradas até ao advento do caminho-de-ferro. Quanto às estradas o Império Romano já tinha percebido o problema, mas as estradas não são suficientes para a unificação do mercado sem veículos apropriados que ganhando rapidez geram eficácia Os rios foram ligados por canais, as suas margens cuidadas e a administração pôde, em certos casos, lançar taxas de passagem e regular não só o tráfego, mas também a distribuição de água aos agricultores. Nas estradas, as portagens asseguraram iguais réditos para a expansão de uma administração burocrática, que sempre contou com outras fontes de financiamento a partir do governo. Por outro lado a eliminação de barreiras tais como os direitos locais, os direitos das cidades à cobrança de portagens facilitou a integração. Nas cidades mais interiores e portanto mais defendidas, o derrube das muralhas colocou-as à mercê do poder central. As cidades conquistadas, sem muralhas, tinham pouca possibilidade de vir a representar um foco de rebelião. Depois do uso intensivo do canhão as muralhas deixaram de ter relevância e é importante notar que quem demonstrou esta tese foi o comandante Oliver Cromwell na guerra civil inglesa, em 1640.

Estes elementos facultaram a unificação do mercado continental e a economia foi um suporte não desprezível para o desenvolvimento de poder militar, naturalmente expansionista. A Rússia czarista lança o transiberiano como instrumento de continentalização, ao mesmo tempo que promove ofensivas a sul em direcção à China. A sua derrota na guerra da Crimeia (1854-1856) deve ser interpretada como um sinal de fraca integração do mercado, por falta de transportes adequados. A guerra teve que ser alimentada por filas de camponeses que se deslocavam a pé ou em carroças para a frente de batalha transportando material de primeira necessidade. Por seu lado, os Estados Unidos conquistam o médio Oeste e em breve, passaram as montanhas Rochosas, para atingir o Pacífico. O lançamento de uma rede de transportes fluviais, depois completada com as vias-férreas transamericanas Este-Oeste e Norte-Sul, assegurou a prazo a consolidação da continentalização do núcleo colonial costeiro nos mesmos eixos geográficos das linhas de comunicação férrea e das bacias hidrográficas. As compras de território à França de Napoleão, à Rússia e à Espanha devem ser entendidas como passos deste processo de expansão. A

unificação do mercado estava atingida antes da guerra com o México (1846-1848), em que conquistaram o actual sudoeste, o que acentuou a continentalização e a auto-suficiência daquilo a que se chamou a Federação, mas que sempre contou com um única centro político decisivo. Quando esta unidade foi ameaçada pelo sul (1861) com a pretensão de uma secessão perfeitamente legal pôde-se confirmar esta intuição. A guerra civil (1861-1865) teve efectivamente como objectivo conservar os Estados secessionistas no seio do grande espaço, não cedendo, por consequência, nem poder político, nem controlo, sobre a multiplicidade dos Estados integrantes.

O que se passou com o Império alemão antes da I Guerra Mundial é a mesma coisa. O espaço germânico, colocado estrategicamente na Europa do Meio, buscou a sua organização continental a partir do Reino da Prússia com o chanceler Bismarck, segundo as mesmas regras. Industrializa, cria um bom exército e prepara-se militar e diplomaticamente para alcançar os seus objectivos: uma grande Alemanha. Provoca e derrota os vizinhos (Dinamarca, Áustria, França), e em 1870 tem definido um sistema político à volta de Berlim, enquanto desenvolve rapidamente os instrumentos de continentalização.

A China não deixa de ser outro exemplo de continentalização. Toda sua história aponta para uma oscilação entre a fragmentação em áreas geopoliticamente definidas e uma tendência notória para a centralização sob uma autoridade soberana. As experiências de periferização contam-se mesmo antes de Cristo: os Chou dividiram o território entre si: o Chou Oriental (1045-771), o Chou Ocidental (771-221), Primavera e Outono (771-475) e por fim a anarquia dos Reinos Combatentes (475-221), a que seguem as experiências das Seis Dinastias (222-589) e das Cinco Dinastias (907-959). As dinastias unitárias e unificadoras interrompem ciclos ou dão continuidade a uma tendência como se pode verificar pela dinastia Han (202ac-220), Sui (589-618), T'ang (618-907), Sung (960-1279), Yuan, mongol, (1279-1368), Ming (1368-1644), e por fim a Qing, manchu, (1644-1911) que desenvolveram inevitavelmente uma administração central para todo o território entregando-se a obras públicas de grande importância, no sentido de preservar o espaço de invasores, de que houvera impacte suficiente, quer em termos de espaço, quer em termos de perda de população.

A única experiência de maritimização foi levada a cabo por uma enorme frota militar e comercial, que chegou a definir um espaço próprio e uma hegemonia no mar.Com efeito, o almirante Zheng He (1371-1433) conseguiu expandir o poder militar e comercial dos Ming até à costa

oriental de África, mantendo as rotas tradicionais. O Imperador Ming Yongle (1402-1424) viu nas expedições deste muçulmano convertido ao seu serviço um meio de evidenciar o poder chinês no mar e de expandir o comércio marítimo. Mass expedições começaram a ser vistas na Corte como extravagantes e a morte do almirante em 1433 dita o fim desta via. Porém também coincide com a opção da elite de continentalizar: a capital deixou de ser Nanjin e passou para Pekin, em 1421: foi uma translação do coração comercial da China para a fronteira mongol, donde vieram todos as últimas invasões, mas também o assentar de uma economia predominantemente doméstica e de auto-suficiência. Se os séculos mostram esta oscilação, na nossa época com o triunfo do partido comunista, liderado por Mao, acentuaram-se todos os instrumentos de continentalização de forma clara. Desde então a China nunca mais mostrou vontade em ser um poder marítimo. Nos nossos dias o partido comunista aplicou-se a colocar em pé uma administração integrada, desenvolver a rede de comunicações, a fomentar a expansão industrial, numa palavra, em criar o mercado unificado através da planificação, tal como havia feito Estaline na URSS. Para lá disso, sob uma ideologia continentalista, própria, chinesa. As recentes integrações de territórios como o Tibete, Hong-Kong e Macau, não servem senão para ilustrar este ponto. A China pretende a sua continentalização rápida e assente nestas bases geográficas não precisa de aliados dados os efectivos da sua população e o seu avanço tecnológico.

Estas experiências parecem apontar para o facto de que na continentalização há, efectivamente, para o Estado uma maior segurança e a possibilidade de desenhar uma grande política. Só mais tarde se aperceberá que o sucesso na continentalização não oferece tanto quanto se ambicionava no palco mundial. Oferecendo muito conforto face aos vizinhos que temem esse poder hegemónico regional, também incita os mesmos vizinhos a buscar alianças defensivas e ofensivas. E na escolha de parceiros encontram frequentemente as potências que conseguiram ter êxito numa maritimização e que estão interessadas em conter ou travar a potência continentalizada.

Actualmente, os instrumentos da continentalização são os mesmos, embora agora se tenham transformado em redes de auto-estradas, em redes de aeroportos, em redes industriais viradas para a valorização dos recursos do grande espaço.

Exemplos recentes deste movimento para a tomada de consciência dos grandes espaços, é que o primeiro movimento é o esforço político,

económico e militar de continentalização e ele pode ver-se agora em acção na Índia, no Brasil, e na Austrália; e até mesmo na Europa, em busca da Federação, sob liderança de um eixo impensável: Berlim-Paris, que no recente tempo passado disputaram esse privilégio geopolítico.

2. Mas a continentalização basta?

A resposta, como em muitos outros assuntos, foi há muito dada pela Inglaterra. Face ao desafio mundial, para chegar a jogar no xadrez mundial, como diz Brzezinski, como poder hegemónico, torna-se necessário um certo grau de maritimização, mais ainda, uma forte maritimização. Esta matéria foi debatida pelo Almirante americano T. Mahan, que estudou o caso inglês e o aplicou na prática aos Estados Unidos, fazendo recomendações aos seus Presidentes, segundo uma linha de influência prolongada. E estes, em regra, escutaram-nos atentamente. A Inglaterra já com mercado unificado, colocou a Ilha sob um único domínio (uma continentalização estrita) com as guerras de Oliver Cromwell. Ao derrotar a grande potência marítima da altura, a Holanda, a Inglaterra pôde desenvolver o seu potencial marítimo e tornar-se o maior poder mundial até aos finais do século XIX e princípios do século XX. De uma limitada ilha coroada passou a potência colonial de referência para onde correu leite e mel.

O almirante Mahan percebeu o problema. Para concorrer n tabuleiro de xadrez, os Estados Unidos, já continentalizados, necessitavam de adquirir poder naval. Tornava-se urgente controlar o Caribe (o seu Mediterrâneo) e dar operacionalidade a esquadras de modo que pudessem funcionar rápida e simultaneamente no Atlântico e no Pacífico. Daí a criação do Panamá como entidade política independente para efectivar a construção de um canal transoceânico, colocando-o sob controlo americano. A guerra contra a Espanha ofereceu várias possessões aos Estados Unidos entre as quais as Filipinas, onde se começou a desenvolve uma política de colonização americana. Esta conquista pesou sob o desenvolvimento da maritimidade da potência e a elite governante optou claramente por desenvolvê-la ainda mais através de alianças calculadas, uma rede de ilhas e portos e a constante construção de navios de guerra cada vez mais sofisticados e navios comerciais. Esta visão geopolítica da classe governante americana assegurou-lhe a hegemonia mundial durante a Guerra Fria e continua a dar-lhe vantagens incalculáveis.

Mahan tinha percebido que a dimensão marítima necessitava de bons portos com saídas fáceis para mar aberto, uma linha de costa dimensionado

ao grande espaço, riqueza para financiar as esquadras e a construção naval, população qualificada em tarefas marítimas, quer do ponto de vista militar, quer do ponto de vista comercial e, sobretudo, uma elite política decisivamente envolvida nesta aposta talassocrática.

E quem enfrentou os Estados Unidos durante o período da diarquia que se seguiu à II Guerra Mundial? Uma potência eficazmente continentalizada pelo partido comunista da URSS, que chegou ao ponto de criar uma rede de países vassalos, mas que apesar de tudo não conseguiu maritimizar-se. Geopoliticamente encaixada, sem bons portos para abrigar frotas, com todas as saídas da sua armada vigiadas pela potência marítima e seus aliados, não encontrou resposta no mar para o desafio, porque ainda não era no espaço que as disputas se iriam resolver.

Já o antigo Império Otomano, ao tentar ganhar uma dimensão marítima no mar Mediterrâneo, fracassou e a batalha de Lepanto (1571) foi um sinal que mostrou os limites à Sublime Porta, sendo Alcacer Kibir (1578) o sinal na terra.

Ora Império russo também tinha tentado, mas as suas frotas foram destruídas pelos japoneses na guerra russo-japonesa (1904-1905) e isso forçou S. Petersburgo a arrepiar caminho: o mar não era uma vocação. A Alemanha Imperial de Guilherme II sofreu a mesma sorte quando pretendeu desenvolver poder marítimo: a Inglaterra estava interessada em que não o tivesse. O bloqueio continental, arma mortífera pensada por Napoleão, fracassou totalmente face ao mesmo poder inglês pelas mesmas razões.

Como se verifica, no plano dos factos, as grandes áreas geopolíticas só se maritimizam se tiverem condições geográficas especialmente dotadas para tal e se, por sua vez, a sua elite política apostar nessa direcção. Manifestamente a Rússia não tem condições e as duas experiências mostram os limites geográficos que enfrenta, ainda que se verifique que a sua elite política apostou fortemente nessa opção. A Índia, o Brasil, a China, a Austrália, são casos diferentes. A Índia dispõe de importantes portos que se abrem sobre o Índico, ainda que se defronte presentemente com os tardios problemas da sua continentalização de que os poderes europeus foram vítimas, entre os quais nós nos contamos. O Brasil, já continentalizado, apesar de parecer querer aumentar o seu espaço de influência na América do Sul através de relações especiais com a Argentina, o Uruguai e o Paraguai, começou a dar sinais da sua eventual maritimização. É sinal disso a insistência na constituição de um espaço de defesa no Atlântico Sul de parceria com países africanos do sul como a

África do Sul, a Namíbia e Angola e as predominantes relações comerciais e políticas com a Índia, a China e a Federação Russa.

E a China? Assegurada a continentalização, fortificadas as estruturas económicas, só resta à China o inevitável caminho do mar para se tornar uma potência marítima. Dotada de um amplo coeficiente de interioridade, de Xangai na costa a Karamay na província de Xinjiang, no profundo interior, o que lhe oferece grande poder de absorção de qualquer investida, propiciando condições geopolíticas de efectiva resistência, não é menos certo que as suas costas são extensas e os portos de mar dos melhores da região. Desde a península da Coreia até ao golfo de Tonkin, os três mares (Mar Amarelo, Mar da China Oriental, Mar da China Meridional) ao mesmo tempo que disponibilizam uma projecção marítima, apresentam uma especial característica que favorece qualquer inimigo poderoso: um rosário de ilhas que os fecha. Os dois primeiros mares, pelo Japão, que se apresenta como um poder efectivo, e o terceiro mar por Taiwan, as Filipinas, a ilha de Bornéu e finalmente o fecho pela Malásia e pelo rosário de ilhas da Indonésia. O Sul assim não fica fácil. Compreende-se perfeitamente o interesse de Pequim na integração da Formosa porque tal facto representa um passo para a maritimização da China e a fuga à vigilância. A posição da ilha dá uma saída fácil para o Pacífico. Compreendem-se ainda muito bem as reivindicações de mar territorial, tendo em conta as reservas de petróleo e gás, simplesmente essas reivindicações de águas salgadas é conflituosa com idênticas reivindicações de países como o Vietname, as Filipinas, a Malásia, Brunei, a Indonésia e Taiwan.

Ora, o bom acolhimento das propostas brasileiras e as relações que procura serem pacíficas com a potência hegemónica, bem como com os Estados marítimos fracos da região, são acções que indiciam também que o sentido do mar não está totalmente posto fora de questão. Por outro lado a insistência da sua diplomacia em as alianças dos Estados Unidos na região devem ser anuladas e que as forças exteriores à região se devem afastar, põe em cheque a posição chave dos Estados na Ásia. Provavelmente tal política externa servirá para libertar o mar de forças navais americanas, o que daria uma nova possibilidade à política de Pequim.

Mas se examinarmos a linha das exportações de bens e serviços entre 1974 e 2001 deparamos com surpresas que confirmam este ponto de vista: a China internacionaliza-se velozmente absorvendo tecnologia e vendendo produtos manufacturados.

A Última
Cultura
Finis
Mundi

QUADRO 1
COMÉRCIO EXTERNO (EM BILIÕES DE DÓLARES)

Anos	1974	1986	2000	2001
Exportação de bens	21,13	25,76	194,72	249,13
Importação de bens	16,88	34,90	158,73	214,66
Exportação de serviços	2,51	3,83	26,25	30,43
Importação de serviços	2,02	2,28	31,59	36,03

Fonte: L'état du monde 2003, La Découverte

Face a estes dados vê-se que a economia chinesa se tem vindo a virar progressivamente para o exterior, colocando os seus bens nos mercados externos a um ritmo acelerado. A importação de bens acompanhou sensivelmente este progresso, de modo que se pode dizer que a China se encaminha decididamente para a internacionalização. A criação das zonas económicas especiais sob estrito controlo do governo central, uma experiência calculada e vigiada pelos poderes de Pequim, demonstram também que os dirigentes da República Popular querem saber qual o método mais apropriado para fazer da China uma potência industrial.

Mas mais interesse ainda tem verificar que tipo de bens predominam nestas trocas comerciais para melhor entender as vigências sectoriais, que explicam o que se procura:

QUADRO 2
TROCA DE BENS
(EM % DAS IMPORTAÇÕES E EXPORTAÇÕES TOTAIS)

Anos	1974	1986	2000	2001
Importação: manufacturados em %	61,3	79,8	77,2	80,7
Exportação: manufacturados em %	47,5	71,4	85,3	87,3
Exportação: energia em %	16,3	8,4	3,8	2,8

Fonte: L'état du Monde 2003, La Découverte

Consequentemente, o que verifica é que nas trocas, desde 1974, predominam os produtos manufacturados. A China tenta equipar-se para produzir produtos acabados para a exportação e os números do Quadro 1 são prova disso: passa também a exportar produtos acabados. O percentual decrescente das exportações de produtos energéticos é constante e só

decresce no total de exportações porque cresce a exportação de produtos manufacturados. Neste grupo de produtos tem relevância mencionar brinquedos (60% da produção mundial), móveis, têxteis, relojoaria, televisores, material eléctrico. Na produção interna para consumo avultam bens do seguinte tipo: fotocopiadoras, bicicletas, computadores, sapatos arroz e maçãs. Os danos no ambiente já começam a ser notados, como nos informa Le Nouvel Observateur de Novembro de 2003.

Não se espera que esta linha seja interrompida, de forma que a continentalização reforça-se e obviamente vai exigir a maritimização, a não ser que China se limite, por opção, a desempenhar um papel regional.

Zbigniew Brzezinski, um notável especialista nas questões geopolíticas, um experimentado ministro da política externa americana, sumariou num decálogo as capacidades da China. Podemos revisitá-lo:

1) Não é nem um adversário internacional, nem um parceiro estratégico dos Estados Unidos, ainda que hostil à hegemonia americana;

2) A China não se tornará num poder global, embora seja um poder regional capaz de definir os seus interesses nacionais;

3) Não é uma ameaça directa à segurança dos Estados Unidos;

4) Não representa um desafio ideológico global aos Estados Unidos;

5) Não é regionalmente desestabilizadora e tem um comportamento internacional relativamente responsável;

6) Politicamente nem é totalitarista, nem democrática, mas uma ditadura oligárquica-burocrática;

7) Não cumpre os direitos humanos nomeadamente em Xinjiang e no Tibete;

8) Evolui economicamente na direcção desejada;

9) Não pode evitar sérios problemas políticos nacionais porque o comunismo comercial é uma contradição;

10) Não tem uma visão clara da sua evolução política ou do seu papel internacional.

Torna-se evidente nesta abordagem que Zbig só vê a China numa perspectiva americana estrita e entende que "viver com a China" passa por entender que ela se limitará a ser uma potência regional sem alcance global e que a estrutura interna da ditadura oligárquico-burocrática trará problemas no futuro de tal ordem que o melhor é que as contradições aí geradas não tenham expansão para o exterior e sejam resolvidas no interior do continente. Portanto, viver com a China, é esperar a oscilação que não tarda. Entretanto, será bom ter relações amigáveis e manter uma prioridade nas relações com Pequim.

Todavia, anos atrás Kissinger escrevia: "há uma carta maluca que entrou em cena, uma carta que pode forçar a mão de Pequim e de Washington: o futuro de Taiwan". Efectivamente se a ilha foi para os japoneses, que a anexaram em 1885, um ponto de partida para a invasão do continente, porque não há-de ser o ponto de partida para uma eficaz política de poder marítimo.

Seja como for, a caminhada para fora do círculo do poder regional, ainda que feita e reforçada a continentalização, passa pelo progressivo acesso ao mar, do domínio regional à construção de esquadras auto-suficientes. E a China já sabe disso. Como o Brasil, a Índia e, um dia, a Europa reconhecerá. Daí, quiçá, que a expressão fora do quadro de David Shambaugh, já em 2001: "os americanos começam a duvidar da decisão de colaborar militarmente com a China" tenha algum significado. Todavia, agora, como é que qualquer Administração vai fazer marcha atrás face a um mercado apetitoso e disputado, que se robustece ano após ano? Além disso, ainda desfrutando do controlo do mar, com o que é que a República Imperial, no dizer de Raymond Aron, vai ter de se preocupar nos próximos anos? Com a China? E com que China? Penso que a sua elite, uma vez acertada a hegemonia regional e continental, se vai preocupar com a sua projecção ultramarina.

E isso, quer se queira, quer não se queira, tem a ver com o mar, com as esquadras, com a distribuição de frotas e a preparação de homens e armas. É só saber se esta China de Pequim, quer ou não, no médio prazo, fugir ao lugar a que foi fixada pelo poder hegemónico de poder regional respeitado e voltar ao caminho inicial dos Ming. O Pacífico, entretanto, é a grande realidade. Como já tinha visto Haushofer. Aliás, como costuma sublinhar o

A Última
Cultura
Finis
Mundi

geopolítico francês Jacques Soppelsa, referindo-se a este Oceano, com grande propriedade e sentido das dimensões envolvidas, "la présence écrasante du Pacifique". E o facto é que historicamente ignorado pelos protagonistas regionais o "mar asiático" nas palavras de Herbert Gregory (1929), tornou-se um mar aberto. Tudo indica que os asiáticos estão a despertar para esta janela azul e a China não vai ficar na retaguarda.

Será que ainda se pode dizer com Gerald Segal (1999)" Até a China diminuir de dimensão aos olhos da imaginação do Ocidente, e ser trata mais como o Brasil, a Índia, o Ocidente tem poupas probabilidades em sustentar um política coerente a longo prazo relativamente a ela. Até suspendermos a nossa descrença e reconhecermos o poder teatral da China, continuaremos a conter-nos na persecução dos nossos interesses e a falhar en constranger os excessos da China".

Mass não de imagens de poder que a conjuntura vive. É que é preciso saber é qual o poder teatral que está para lá disso. Dá a impressão que a China quer ir um pouco mais além. Iremos ver.

BIBLIOGRAFIA DE BOLSO PARA ESTE ASSUNTO

Bonaparte, Napoleão - **Como Fazer a Guerra**, Edições Sílabo, Lisboa, 2003.

Brzezinski, Zbigniew - **The Geoestrategic Triad**, Center for Strategic and International Studies, Washington, 2001.

Brzezinski,Zbigniew - **The Grand Chessboard**, Basic Books, Nova Iorque, 1997.

Duroselle, Jean-Baptiste – **Todo o Império Perecerá**, Universidade de Brasília, Brasília, 200.

Cervo, Amado Luiz (Org.) - **O Desafio Internacional**, Universidade de Brasília, Brasília, 1994.

Cohen, Saul B. - **Geopolitics of the World System**, Rowman e Littefield, Lanham, 2003.

Eisenstadt, S. N. - **A Dinâmica das Civilizações**, Cosmos, Lisboa, 1991.

Gilboy, George e Eric Heginbothan - "China Coming Transformation", in Foreign Affairs, vol. 80, nº4, 2001 (Julho Agosto).

Gray, S. e Geoffrey Sloan (Ed.) - **Geopolitics, Geography and Strategy**, Frank Cass, Londres, 1999.

Hale, David e Lyric Hughes Hale - "China Takes Off" in Foreign Affairs, vol. 82, nº6, 2003 (Novembro-Dezembro).

A Última
Cultura
Finis
Mundi

Harry, Eric L. - **Invasion**, Coronet Books, Londres, 2000.

Huntinghton, Samuel P. - "The Clash of Civilizations", Foreign Affairs, Vol. 72, nº3, 1993 (Verão).

Huntinghton, Samuel P. - **O Choque das Civilizações e a Mudança na Ordem Mundial**, Gradiva, Lisboa, 1999.

James, Lawrence - **The Rise and Fall of the British Empire**, Little Brown, Londres, 1994.

Kaplan,Robert - D. **The Coming Anarchy**, Vintage, Nova Iorque, 2000.

Karlekar,Hiranmay - **Independent India, The First Fifty Years**, Indian Council for Cultural Relations, Oxford University Press, Delhi, 1998.

Kissinger,Henry - **Does America need a Foreign Policy ?** Simon and Schuster, Nova Iorque, 2001.

Kung, T'ai - **Os Seis Ensinamentos Secretos**, Edições Sílabo, Lisboa, 2003.

Lieven, Dominic - Empire. **The Russian Empire and its Rivals**, John Murray, Londres, 2000.

Mackinder, Halford -   "The Geograhical Pivot of History", in Geographical Journal 23-24, 1904.

Mackinder, Halford - "The Round World and the Winning of the Peace", in Foreign Affairs, 21/4 (Julho de 1943).

Mackinder, Halford - **Democratic Ideals and Reality: A Study in the Politics of Reconstruction**, Penguin Books, Suffolk, 1944.

Mahan, Alfred Thayer - **The Influence of Sea Power upon History 1660-1783**, Little Brown, Boston, 1890.

Medeiros, Evan S. e M. Taylor Fravel - "China's New Diplomacy", in Foreign Affairs, vol. 82, nº6, 2003 (Novembro-Dezembro).

Owe, Stephen - **Empire**, Oxford University Press, Oxford, 2002.

Padfield,Peter - **Maritime Supremacy**, John Murray, Londres, 1999.

Peddie,John - **The Roman War Machine**, Sutton Publishing, Phoenix Mill, 1996.

Revel, Jean-François – **Obsessão Americana**, Bertrand Editora, Lisboa, 2002.

Richard Hall - **Empires of the Monsoon. A History of Indian Ocean and its Invaders**, HarperCollins, Londres, 1996.

Segal, Gerald, "Does China Matter?", in Foreign Affairs, vol. 78, nº5, 1999 (Setembro-Outubro)

Shambaough, David - "Facing Reality in China Policy", in Foreign Affairs, vol. 80, nº1 (Janeiro-Fevereiro) de 2001.

A Última
Cultura
Finis
Mundi

Sloan, Geoffrey - "Sir Halford Mackinder: The Heartland Theory and Now", in Colin S. Gray e Geoffrey Sloan, **Geopolitics**, Frank Cass, Londres, 1999.

Soppelsa,Jacques - **Géopolitique de l'Asie-Pacifique**, Ellipses, Paris, 2001.

Sumida,Jon - "Alfred Thayer Mahan, Geopolitician", in Colin S. Gray e Geoffrey Sloan (Ed.), **Geopolitics**, Frank Cass,Londres, 1999.

Teng-Hui,Lee – "Understanding Taiwan" in Foreign Affairs, vol.78, nº6, 1999 (Novembro-Dzembro).

Todd, Emmanuel, **Após o Império**, Edições 70, Lisboa, 2002.

Trenin, Dmitri - **The End of Eurasia**, Carnegie Endowment, Washington, 2002.

Thucydide, **La Guerre du Péloponnèse**, Folio, Gallimard, Paris, 2000.

Wheeler, James Scott - **The Making of a World Power**, Sutton, Phoenix Mill, 1999.

Wheeler, Mortimer - **L'Inde avant l'Histoire**, Sequoia-Elsevier, Bruxelas, 1967.

Revista: Le Nouvel Opbservateur, "Chine, La Conquête du Monde", 13 Aug. 19 Nov., 2003, pp. 34 e sgs.

ÁFRICA: PROBLEMAS E DESAFIOS DE UM CONTINENTE ADIADO

Mafalda Lobo

Investigadora (Centro de Administração e Políticas Pública - ISCSP;
Centro de Investigação Media e Jornalismo - Faculdade de Ciências
Sociais e Humanas / Universidade Nova de Lisboa)

África continua à espera de crescer. Ali vive a população mais jovem do mundo, curiosamente. E, curiosamente, ali nasceu a Humanidade.

África conta com 54 países e 940 milhões de habitantes. 310 milhões são muçulmanos (39,6%) e 117 milhões são católicos (14,9%). A realidade africana abrange diferentes regimes políticos, vivências históricas, contextos culturais e religiosos, contextos económicos e geográficos e uma grande complexidade étnica e linguística que dificultam nos países africanos a construção de um verdadeiro espírito de nação. Além disso, coexistem zonas de insegurança com centros de estabilidade. Alguns países do continente africano viveram e vivem períodos de paz duradoura, de segurança, de estabilidade económica e política e de participação democrática, sendo considerados (apesar ainda de muitas vulnerabilidades) países com balanço positivo. Entre eles estão a África do Sul, Argélia, Botswana, Cabo Verde, Egipto, Gabão, Gana, Guiné Equatorial, Lesoto, Líbia, Marrocos, Maurícias, Mauritânia, Namíbia, São Tomé e Príncipe, Senegal, Ilhas Seychelles e Tunísia.

Ao invés, outros países apresentam um balanço bem mais negativo: Angola, Benin, Burkina Faso, Burundi, Chade (que apesar do petróleo, está cada vez mais pobre, pelos constantes conflitos internos), Congo, Costa do Marfim, Eritreia, Etiópia, Guiné-Bissau (palco de conflito permanente, tendo falecido no dia 2 de Março de 2009 o Presidente Nino Vieira, na sequência de um Golpe Militar), Guiné Conacri (recentemente falecido o Presidente Lansana Conté), Libéria, Madagáscar, Malawi, Mali, Moçambique, Níger, Nigéria, Quénia, República Centro-Africana, Ruanda, República Democrática do Congo, Somália, Suazilândia, Serra Leoa, Togo, Zâmbia e Zimbabwe. Outros países continuam envolvidos em conflitos

como é o caso da região do Darfur (Sudão), um massacre étnico onde já morreram 300 mil pessoas e 2,7 milhões de desalojados. No entanto, no dia 17 de Fevereiro de 2009, o governo sudanês, e o grupo rebelde *Movimento para a Justiça e para a Igualdade*, um dos mais activos no país, assinaram um acordo onde declararam a intenção de pôr fim a um conflito que se prolonga desde 2003. Apesar de este não ser um acordo de paz definitivo, representou um passo importante. As partes comprometeram-se ainda a facilitar a distribuição de ajuda internacional humanitária no país. O governo sudanês não aceita tropas não africanas porque suspeita da existência de segundas intenções por parte das potências ocidentais. Mas a União Africana (UA) continua a insistir que a solução do conflito é política, não militar, e a pressionar para que os *Acordos de Abuja* sejam assinados e respeitados por todos. Porém, e de acordo com declarações proferidas em finais do Verão passado por John Holmes (Secretário-Geral Adjunto da ONU para os Assuntos Humanitários), "as restrições ao trabalho humanitário do pessoal das ONG's no terreno" e o "aumento dos conflitos" entre as forças armadas do Sudão e os grupos rebeldes, bem como os confrontos étnicos, "vieram reacender a tensão na zona".

Dinâmicas Geoestratégicas

Para além do problemático Darfur, a África de que se fala actualmente continua a ser, infelizmente, a das guerras, massacres e outras catástrofes – a Costa do Marfim e países do Corno de África (Eritreia, Somália e Etiópia). Perante este tipo de conflitos intra-estatais (regionais) que geram uma "nova" ordem conflitual, há um sentimento a nível da comunidade internacional de que a União Africana faz muito pouco ou mesmo nada para minimizá-los. Estes conflitos têm repercussões além fronteiras, devido ao fenómeno da globalização, afectando as dinâmicas geoestratégicas mundiais, para além de enfraquecerem a estrutura dos próprios Estados, que no caso de África são bastante frágeis, débeis, inconsistentes, se não mesmo inexistentes ou falidos, com elevado défice de soberania, pondo em causa o próprio desenvolvimento e segurança das populações. O elevado número de conflitos em África tem contribuído para que o *Índice de Desenvolvimento Humano (IDH)* seja tão baixo, um facto que também não está dissociado das lutas desenfreadas pelo poder e pelo acesso privilegiado aos recursos naturais. Por esse motivo, a Organização das Nações Unidas (ONU) e a União Europeia (UE) têm vindo a intervir em África mais do que em qualquer outra região do mundo (Rodrigues, 2008: 589).

Os recursos da República Democrática do Congo

A República Democrática do Congo (RDC), continua a ser outro dos exemplos mais problemáticos do continente africano, opondo os grupos étnicos *tutsis* e *hutus*. Peritos norte-americanos em segurança já estão a incluir o Leste da RDC entre os grandes problemas da África actual, em pé de igualdade com a Somália, o Sudão, o Zimbabwe e o delta do rio Níger na Nigéria, onde por consequência a produção petrolífera já registou uma quebra. A RDC é um dos países com mais recursos minerais, uma terra onde há diamantes, cobre, cobalto, zinco, manganês e coltan (substância extremamente valiosa, mistura de colômbio e tântalo, com grandes aplicações na área das tecnologias informáticas de vanguarda), preciosidades que interessam a muita boa gente. Por essa e outras razões a União Europeia disponibilizou, em 2007, 50 milhões de euros para assegurar à população serviços sanitários de base e prestar assistência às pessoas deslocadas e refugiadas.

Zona de Tensão e Conflitos

Na África a sul do Sara (África Subsariana ou África Negra), que em termos de conflitos é designada de ZTC (zona de tensão e conflitos), com uma identidade própria (Correia, 2004: 273), para se poder distinguir da África do Magrebe – África do Norte, também conhecida por África Branca, que deve ser incluída na Bacia Mediterrânica –, agrava-se a fome, a degradação das condições sanitárias de vastos grupos populacionais e a disseminação de epidemias.

Na África do Magrebe estes problemas são uma das principais causas da descontrolada emigração para a Europa Ocidental. Esta crescente instabilidade e degradação é paralela ao aumento da criminalidade organizada transnacional, com o aumento progressivo do tráfico e consumo de drogas, do tráfico de seres humanos, do contrabando de recursos naturais e do tráfico de armas.

No entanto, apesar de todos os males que a afectam, África possui potenciais factores de crescimento. África é um continente rico em recursos naturais. O petróleo, por exemplo, pode ser encontrado no Sudão, Angola, Chade, Guiné Equatorial, Gabão, Nigéria. A platina no Zimbabwe, o Cobre na Zâmbia, a Madeira no Congo. Na África do Sul, O Minério de ferro (para além do ouro, platina e diamantes), permitem um desenvolvimento sustentável, embora com muitas "arestas por limar".

A exploração sustentável dos recursos naturais, o desenvolvimento

agrícola e o investimento nos recursos humanos cria um clima favorável ao desenvolvimento. As economias africanas mais dependentes da produção de produtos agrícolas de base poderão também reduzir a sua vulnerabilidade económica intervindo sobre a tendência para a diminuição dos preços, a médio/longo prazo, no mercado mundial.

Problemas na Saúde

A nível do *Desenvolvimento Humano* verificam-se situações de grande contraste. África acumula todos os piores indicadores de desenvolvimento humano. Embora alguns países africanos tenham registado um grande crescimento económico, a repartição do rendimento é muito desigual e impede que esse crescimento tenha um efeito positivo sobre a redução da pobreza. A criação de postos de trabalho continua a ser um dos principais desafios para a redução da pobreza e para o desenvolvimento social. Apesar de tudo, a situação do emprego tem vindo a melhorar devido à progressiva alfabetização.

Onde continua ainda a haver muito por fazer é no campo da higiene e da saúde. A pandemia do HIV/SIDA constitui um pesado encargo para muitos países de África. Só na África subsariana existem 22,5 milhões de infectados. No Zimbabwe – país que foi o centro das atenções na II Cimeira União Europeia /África – 18,1% da população entre os 15 e os 49 anos sofre da doença[1].

Aliás, as doenças infecciosas têm devastado a população africana, fazendo, por ano, cerca de 3,5 milhões de vítimas mortais e afectando dramaticamente a vida de milhões de indivíduos., Para além da SIDA, em 2005 surgiram 2,2 milhões de novos casos de tuberculose e a malária continua a flagelar a vida de várias populações.

Dinâmica Ambiental

Importa também analisar África sob o ponto de vista da dinâmica ambiental. As alterações climáticas estão a pressionar os recursos hídricos e a afectar a diversidade biológica e a saúde humana, ao mesmo tempo, que degradam a segurança alimentar e agravam a desertificação. As inundações e as secas são frequentes – e vão intensificar-se com as consequências climatéricas provocadas pelo aquecimento global.

---

[1]*Revista NS Diário de Notícias*, 1/12/2007, p. 72.

A Última
Cultura
Finis
Mundi

É por isso necessário que África se adapte a estas alterações fazendo desta adaptação uma primeira prioridade para que o continente africano se desenvolva. O segundo "pulmão" da Terra está em África (a floresta tropical, considerada a segunda maior reserva florestal do mundo) e está a ser destruído.

A juntar a todos estes problemas, há que salientar os efeitos nefastos provocados pela "teoria" dos espaços não governados existentes em África – falamos da inoperância das instituições públicas, sem capacidade de gestão, de produção de legislação, sem ordem nem lei, sem a existência de Estado. Todo o processo de desenvolvimento africano está assim comprometido pela má gestão dos recursos.

Diz-se que a herança colonial teve fortes responsabilidades neste cenário, *"com a ausência de um processo evolutivo na formação de estruturas e de uma consciencialização política, com a falta de participação e de preparação de quadros, com as contradições que o sistema colonizador gerou"* (Correia, 2004:284). Parafraseando Basil Davidson *"A crise da sociedade africana (...) é prioritariamente uma crise das instituições"* (Davidson, 2000 cit. in Correia, 2004: 285).

Construção de Nacionalidades

África é por isso mesmo um problema de construção de nacionalidades (Graça, 2005:129), de construção de uma identidade nacional em cada país. É um modelo de sociedade em que maioritariamente o tecido social não existe – e onde existe, em alguns casos há perseguição política, religiosa ou ideológica sobre determinada população. Segundo o professor Pedro Borges Graça[2], *"A nação em África encontra-se em processo de definição numa dinâmica de ambivalência cultural pela interacção do legado colonial com a herança africana, ou seja, da cultura europeia ou ocidental com a cultura africana, tendo esse processo início no período colonial"* (2005:131).

A integração social e política faz parte de um processo histórico que teve o seu início no período pré-colonial e que tem vindo a evoluir, embora lentamente, desde a proclamação das independências, expressa no art.73º das Nações Unidas da autodeterminação dos povos. Basil Davidson defende ainda que, a libertação de África do regime colonial deu origem à alienação. A aplicação de um modelo de desenvolvimento africano é, por isso, um processo recente que está em evolução de forma muito lenta. A

---

[2]Professor Auxiliar no ISCSP – Instituto Superior de Ciências Sociais e Políticas

UA, na altura da realização da sua II Cimeira, completava cinco anos, ao passo que a UE fez já 50 anos. Por aqui se poderá prever o caminho que será necessário percorrer para que a consolidação de um modelo de desenvolvimento em África se verifique – actualmente esse é um processo ainda numa fase muito embrionária.

O Modelo de Desenvolvimento Africano

O modelo de desenvolvimento africano é efectivamente uma das muitas questões que tem sido abordada nos últimos anos, mas que parece estar condenada ao fracasso. As elites africanas continuam a atribuir aos antigos colonizadores europeus as responsabilidades no seu fraco crescimento, derivado da dificuldade de implantação, depois das independências, de um modelo de desenvolvimento.

Na verdade, ainda subsistem preconceitos político-ideológicos, derivados da acção colonial. A confirmá-lo estarão certamente as palavras do ex-Presidente da Líbia, o coronel Muammar Kadafi, (morto a 20 de Outubro de 2011), proferidas na II Cimeira UE/África: *"Os colonizadores devem indemnizar os colonizados"*[3], uma expressão própria das suas declarações intempestivas. Como se observa, o estigma da *"agressão imperialista"* ainda consegue ser visível ao nível do diálogo entre a UE e África.

Mas esta questão não é unânime: entre africanos, analistas e especialistas das várias ciências sociais existem duas facções, os afro-optimistas e os afro-pessimistas. E apesar da herança colonialista ainda ensombrar as posições de determinada elite africana para justificar o estado em que se encontram grande parte dos países que *"gerem"*, este argumento tem vindo a perder peso e credibilidade, *"não servindo mais para ocultar erros, crimes e injustiças clamorosas de lideres corruptos e incompetentes"*(Graça, 2006:5).

Estes especialistas apresentam duas argumentações distintas para justificar os condicionalismos que vetam ao fracasso o modelo de desenvolvimento africano: por um lado, a imposição do modelo ocidental que não se ajusta à realidade africana; por outro lado, a total dependência de África em relação aos países mais desenvolvidos, por conveniência dos países ocidentalizados, isto dentro de uma perspectiva neo-marxista, mais no plano económico, e de conflito entre os países do norte e dos países do sul. Mas numa perspectiva "afro-realista", significa que *"não devemos nunca sacrificar o humano à vantagem e ao lucro"* (Graça, 2006:6).

---

[3] In Jornal *Diário de Notícias*, 8/12/2007, p.2

Eurocentrismo e Afrocentrismo

Num artigo publicado, o professor Pedro Borges Graça (1999: 43-53), fala ainda de "*duas fracturas epistemológicas complementares: uma que separa a perspectiva marxista da perspectiva não marxista e outra a percepção eurocêntrica da percepção afrocêntrica*". Para este docente, a perspectiva marxista foi a que prevaleceu no continente africano desde os anos 60, mas depois das independências, a perspectiva não-marxista foi-se impondo nos estudos africanos das universidades americanas, com o argumento da "*modernização* e *construção da nação*" (Graça, 2006:6).

Durante anos, esta perspectiva perdeu credibilidade, mas, mais tarde, ressurgiu alicerçada no método de introdução da democracia e economia de mercado. Actualmente, são conceitos que se apoiam na reforma das

instituições e formação profissional – *instituition, building e capacity-building*. Tudo isto deixou para trás o esquerdismo das independências, o eurocentrismo e a perspectiva marxista, logo ligada ao subdesenvolvimento. Pelo contrário, o *afrocentrismo* foi assimilado pelas elites africanas como um valor absoluto que surgiu nos movimentos anti-coloniais *"que recusam qualquer imagem de submissão, ignorância ou inabilidade face aos não-africanos"* (Graça, 2005:137). Actualmente, o debate sobre desenvolvimento africano continua e a implosão do modelo soviético originou um ambiente favorável à consolidação democrática dos Estados africanos (embora ainda reduzido a poucos países). A construção da nação em África está intrinsecamente ligada ao problema do desenvolvimento e ligado a este conceito está o da modernização que tem vindo a ser assimilado pela cultura africana e "imposto" de alguma maneira pela cultura ocidental desde o final do século XIX.

Acreditar em África?

Quase todos os temas que foram discutidos na II Cimeira EU/África giraram *"à volta do desenvolvimento africano para suster os fluxos migratórios em direcção à Europa; integração de África na economia mundial; desenvolvimento das relações Sul-Sul e Norte-Sul; criação de fundos para operações de paz em África; e claro, a promoção da democracia e dos direitos humanos"*[4].

África precisa de um modelo de desenvolvimento endógeno, que rompa com o que se chama de *"lógica colonial"*, que via no continente africano um reservatório de matérias-primas, não transformadas localmente e exportadas a preços que não eram controlados. No entanto, há já alguns sinais indicativos de recuperação da economia africana: *"No fim dos anos 90 detectavam-se os primeiros sinais de uma inversão da tendência estagnante observável nas duas décadas anteriores e, em 2004, a região registou um crescimento real do PIB de 5,1 por cento, contra 4,2 em 2003 e um crescimento anual médio de 2,3 por cento entre 1980 e 2000."* Estes dados constam de uma Comunicação *da Comissão ao Conselho*, ao *Parlamento Europeu* e ao *Comité Económico e Social Europeu*, de 2005. Neste documento consta também que 40 por cento dos africanos sobrevivem ainda com menos de um dólar por dia (cerca de 67 cêntimos). O número de pobres continua a aumentar em África e o número de países em dificuldade cresce, mas alguns têm feito progressos. Actualmente, o

---

[4] *Revista NS*, suplemento *Diário de Notícias*, 1/12/ 2007, p 76.

continente está numa fase de crescimento económico. As exportações na África Subsariana aumentaram de 125 mil milhões de euros, em 2004, para 157 mil milhões de euros em 2005, o que representou um aumento de 26%.

Alpha Oumar Konaré, Presidente da Comissão da União Africana, em exercício na altura da realização da II Cimeira, (Jean Ping, diplomata do Gabão é o actual Presidente e tomou posse a Fevereiro de 2008), adepto convicto e entusiasta do Pan-africanismo afirmou numa entrevista que *"Quando se vê as imagens que mostram as televisões, é difícil continuar a acreditar em África"*[5].

Do ponto de vista político, económico e social, não há dúvidas que fazendo o balanço positivo/negativo em relação aos países africanos, factores como a má governação, derivada da existência de partidos únicos, em que os governantes se mantêm os mesmos durante décadas no poder, a falta de democracia, problemas graves de liberdade de expressão e de imprensa, crescimento económico baixo, taxas elevadas de alfabetização, mortalidade infantil, elevados índices de HIV, e a alta corrupção parecem ser transversais a todos eles[6]. E se já não bastasse, a juntar a tudo isto vem ainda a cobiça política por tantas riquezas, as consequências devastadoras das alterações climáticas e as disputas bélicas entre etnias.

Por tudo o que se disse, não será difícil perceber e concluir que África tem estado na origem de algumas das piores crises humanitárias dos últimos tempos.

BIBLIOGRAFIA

Correia, P. P., (2004), *Manual de Geopolítica e Geoestratégica*, Vol. II, Quarteto Editora, Coimbra.

Graça, P.B., (1999) "O Problema do Modelo do Desenvolvimento Africano" in Barata, O. S., e Frias, S., (2001) (org.), *Populações, Ambiente e Desenvolvimento em África*. ISCSP, Lisboa, pp. 43-53).

Graça, P. B., (2005), *A Construção da Nação em África*, Almedina, Coimbra.

Graça, P. B., (2006) "Condicionalismos Socio-Culturais do Desenvolvimento Africano", Comunicação apresentada no IX Congresso Luso-Afro-Brasileiro de Ciências Sociais – Dinâmicas, Mudanças e Desenvolvimento no Século XXI, Universidade Agostinho Neto, Angola, Luanda, pp-1-13.

---

[5]Alpha Oumar Konaré, entrevista à *Revista África 21*, Maio 2007, p.8

[6] Veja PNUD – Relatório de Desenvolvimento Humano 2008; UNAIDS; Fundo das Nações Unidas para a População; Repórteres sem fronteiras disponível em http://hdr.undp.org/en/media/HDR_20072008_PT_complete.pdf

Rodrigues, J.M.B., (2008) " Políticas de Segurança e Defesa em África e para África. O Papel das Organizações Regionais Africanas". *Revista Militar*, Vol. 60, nº 5, pp. 586-608.

SÍTIOS NA INTERNET CONSULTADOS

Declaração de Lisboa – Cimeira UE-África (Lisboa, 8-9 de Dezembro de 2007) disponível em http://www.eu2007.pt/UE/vPT/Noticias _Documentos/20071209declaracaolisboa.htm

Parceria Estratégica África-UE, – Estratégia Conjunta África-UE disponível em http://www.eu2007.pt/NR/rdonlyres/4A20D946-682C-40B5-8B84-3A553B5831A8/0/071207jsapptlogosFORMATADO.pdf

http://www.eu2007.pt/UE/vPT/Reunioes_Eventos/ChefesEstado/UE_Af rica.htm

http://www.eu2007.pt/UE/vPT/

PNUD – Relatório de Desenvolvimento Humano 2008; UNAIDS; Fundo das Nações Unidas para a População; Repórteres sem fronteiras disponível em http://hdr.undp.org/en/media/HDR_20072008_PT_complete .pdf

ARTIGOS DE IMPRENSA

Jornal *Público*, 8 de Dezembro de 2007
Jornal *Diário de Notícias*, 8 de Dezembro de 2007
Revista NS, suplemento do DN, 1 de Dezembro de 2007
Revista África XXI, Maio de 2007

A GEOCULTURA E O INCONSCIENTE "GLOBAL" MEDIÁTICO
Sónia Pedro Sebastião
(Instituto Superior de Ciências Sociais e Políticas - UTL)

Existe uma relação de interdependência entre a Globalização e o desenvolvimento das tecnologias informacionais. A globalização impele ao progresso tecnológico graças à competição e aos incentivos do mercado comercial, financeiro e científico globais. Estes são baseados nas tecnologias, que reforçam e aceleram o processo de globalização que, por sua vez, sustenta a sua constante inovação e desenvolvimento.Com o mito do progresso assente nesta inovação e "desenvolvimento generalizado" tudo se torna instantâneo e próximo, por isso, uma das manifestações do imaginário mais flagrantes da actualidade são os *media*. Sem o importante contributo das tecnologias comunicacionais dificilmente a «*aldeia global*» de McLuhan se poderia tornar realidade. De acordo com Appadurai são os meios de comunicação electrónicos que transformam a ordem mundial actual, modificando o mundo da comunicação e consequentemente a vida e a imaginação do homem (2004, pp. 13-15).

A geocultura pode ser entendida como a superestrutura desta "nova" ordem mundial, mas para Wallerstein, a geocultura é a parte oculta deste sistema, de difícil acesso e compreensão, que alimenta toda as outras, isto é, que constitui o enquadramento onde o sistema mundial existe (1991a, p. 11) . Esta economia mundial, classificada como capitalista, tem segundo Wallerstein, as seguintes características (1991a, pp. 107-111):

1.   Estrutura formal e modo de produção capitalista, não possui uma estrutura política unificadora, mas possui uma superestrutura política composta por organizações supranacionais que limitam a actuação dos estados soberanos. É fundada na lei do valor e desenvolver mecanismos culturais de controlo como o racismo e o sexismo.

2.   Divisão social do trabalho acompanha a divisão geográfica das fontes de produção.

3.   As contradições deste sistema são múltiplas e complexas, associadas à competição entre os actores e à necessária cooperação política dos actores capitalistas.

As tecnologias da informação que estão na base desta superestrutura não podem ser apenas vistas como construções racionais. Os *media* e os conteúdos por eles transmitidos constituem uma projecção imaginária (Durand, 1982, p. 17) de arquétipos para a felicidade e realização do

homem. Enquanto modelos, exercem uma pressão simbólica que evidencia o ressurgimento do mito (do latente) com outras roupagens. Numa época de valorização do científico e de desconfiança perante o que a ciência não consegue provar, o imaginário acaba por ser reforçado por aquilo a que Gilbert Durand chama «*os vasos comunicantes*» (1982, p. 24). Por isso e como reforça McQuail: os *media* deverão respeitar a identidade cultural dos indivíduos, assim como, contribuir para a divulgação dos seus símbolos nacionais para que os mesmos se sintam integrados e pertencentes a um grupo(1992, p. 277).

Adicionalmente, os meios de comunicação social têm contribuído para o culto da personalidade tão praticado em termos políticos e sociaise, segundo Daehnhardt(2003), para atacar directa ou indirectamente as virtudes tradicionais como a tradição, a lealdade, a valentia, a nobreza de carácter e o patriotismo, valores estes que contribuíram para a construção e grandeza das nações. Esta anarquia de valores leva à inibição na tomada de decisões, à simpatia pelo anti-herói que substitui a projecção e a aspiração a herói, assim como, à espera pelo sucesso e lucro fácil obtido sem esforço e sem deveres, à exigência passiva do respeito pelos direitos de cada um, obtidos sem observância das obrigações. O homem, iludido pelas luzes do progresso, pensa que é livre, mas é um autêntico escravo da sociedade de consumo (Durand, 1982, p. 14), pois a marca dos valores e das tradições é como a marca de uma tatuagem que nunca desaparece, porque "*os homens são, fundamentalmente, o seu passado, já que o presente é efémero e o seu futuro é uma incógnita*" (idem, p. 16).

A mudança social acelerada, sobretudo desde a II Guerra Mundial, aumentou o número de pessoas que procuram orientação e informação nos *media* para colmatar as suas incertezas em domínios como a política, ideais e estruturas, aparentemente estáveis. À medida que os meios de comunicação assumem tal importância na vida política e social, alteram-se as relações entre os diferentes sistemas sociais, as práticas jornalísticas e as ligações com as forças dominantes.

Graças aos *media*, as pessoas podem informar-se sobre tudo o que se passa no mundo, unindo-se inclusivamente, "*por uma imaginação comum*" (Martin & Schumann, 2000, p. 21). Este facto leva a que se acredite na imprescindibilidade dos *media*na uniformização cultural global. De acordo com Morley e Robins, a globalização apoia-se na homogeneização e na estandardização dos *output*s e na separação das culturas mediáticas das particularidades locais e contextuais (1995, p. 17). Contudo, estes mesmos autores defendem que a divulgação informativa deve ajudar a construir a unidade nacional, contribuindo para manter a distinção e a integridade dos

A Última
Cultura
Finis
Mundi

particularismos locais contra as ameaças da homogeneização (1995, p. 18).

Ora a cultura é por definição particularista, é uma parte de um todo, primariamente contida na organização do Estado nacional, em elementos como: a lei fundamental (constituição), as instituições políticas, a burocracia, a legislatura e o sistema de ensino. E em hábitos, costumes e tradições materializados nas suas artes e humanidades, no seu património arquitectónico, na sua gastronomia, nas suas práticas religiosas (Wallerstein, 1991b, pp. 92-93). Por isso, Wallersteindefende que explicar uma cultura é essencialmente elucidar as suas fronteiras políticas (p. 94). Contudo, e com a emergência de traços culturais globais, a cultura encontra-se cada vez mais desterritorializada (Harvey, 1990) e a-historicizada (Giddens, 1991), tornando-se mais complexa esta identificação da cultura como parte de um estado-nação. Tal conduz Wallerstein a defender que caminhamos para uma cultura global na mesma medida em que caminhamos para o sistema mundo assente nessa mesma cultura. Nassuaspalavras: *"bit by bit, with the aid of science and technology, we are arriving at one world – one political world, one economic world, one cultural world"* (1991b, p. 93).

Não obstante, o mesmo autor identifica os entraves que se colocam a esta "homogeneização". Como argumenta, a história da humanidade é marcada pelo enfatizar das diferenças e o homem um composto complexo constantemente exposto à escolha e à apropriação de elementos culturais. O Estado tem funcionado como uma força centrífuga que procura organizar esta complexidade (idem, p. 96). Contudo é nossa opinião que existem forças centrípetas que impedem esta homogeneização e que a um nível latente, a organização da complexidade, a elaboração de uma cultura-mundo é impossível, uma vez que esta cultura-mundo é do domínio das estruturas dominantes e não do inconsciente do indivíduo.

O sistema mundo identificado por Wallerstein é um sistema aberto exposto a fluxos de capital, de pessoas, de comunicação e de cultura, num processo de difusão rápido e interminável, que elimina as distinções nacionais na mesma medida que as enfatiza, transformando o estado nacional num organismo esquizofrénico marcado pela uniformização de uma cultura-mundo dominante e regulada e pela diferenciação de grupos que não aceitam esta "integração forçada" (1991, p. 99). Desta forma, a cultura é um instrumento dos poderosos, mas é também um elemento de resistência, pois continua a ser o que nos distingue dos demais, o que nos permite identificar o outro.A sociedade global da informação baseia-se em sistemas de comunicações combinadas com avançadas tecnologias que reduzem distâncias temporais e territoriais, aproximando culturas e

contribuindo para a eliminação de diferenças sociais. No entanto, é importante lembrar que as redes de comunicação não contribuem apenas para a uniformização dos modos de pensar, servem também para propagar manifestos de protesto e de expressão das diferenças, uma vez que, servem de veículos de comunicação entre grupos étnicos, políticos e religiosos que de outra forma não se encontrariam.

Desta forma, verifica-se que a homogeneização prevista pelos detentores dos *media* e pelos apologistas da globalização tem vindo a sofrer dificuldades de «implementação». Estas dificuldades poderão estar relacionadas com o facto das Novas Tecnologias Comunicacionais serem vistas como *"uma das mais importantes manifestações do poder ocidental"* (Huntington, 1999, pp. 66-67). Além disso e como refere Debray (2007, pp. 31-32), a técnica que é universalizável não representa a totalidade de uma cultura e, portanto, muito menos representará a sua uniformização.

Por outro lado, o homem é, simultaneamente, alvo de sub-informação e de sobre-informação. Isto porque, *"o excesso abafa a informação quando somos submetidos a vagas ininterruptas de acontecimentos sobre os quais é impossível meditar porque são imediatamente afastados por outros acontecimentos"* (Morin, 1999, pp. 19-20). A este facto, acresce a dificuldade de obter informações na sua origem, ou seja, quando a informação é divulgada já vem alterada pelos sucessivos critérios de noticiabilidade e de conveniências para a sua propagação. Desta forma, somos joguetes da máquina *media* cujos progressos permitem e suscitam o progresso na encenação da vida social e política, camuflando a verdadeira informação (Morin, 1999, p. 23). Por conseguinte, a peça informativa transmitida pelos *media* não passa de uma *"representação teatral da realidade, a informação esconde-se e cala-se. (...) Tem de se ir procurá-la nas catacumbas, entre boatos e fantasmas"* (idem, p. 27). Esta busca torna-se necessária porque *"o acontecimento - a informação – deve ser capaz de nos enriquecer, de nos transformar, de nos converter, simplesmente por nos permitir ver o que nos era invisível, saber o que ignorávamos e admitir o que nos parecia incrível"* (idem, p. 32), impedindo, assim, a formação de dogmas.

É inegável que o aparecimento e o desenvolvimento dos *media* estendeu sobre o planeta uma rede de informações que aumentou extraordinariamente as possibilidades de conhecimento do mundo e do seu futuro. Contudo, é igualmente o progresso da informação e do conhecimento que tem provocado o avanço da deturpação e da ignorância, uma vez que, os poderes que controlam a informação promovem a subinformação e produzem a pseudo-informação (Morin, 1999, p. 38).

A Última
Cultura
Finis
Mundi

Constatamos, portanto, que as vantagens de informação trazidas pelos *media*, arrastam igualmente desvantagens provocadas pelas desigualdades sociais e pelos interesses económicos. Assim sendo, é importante que os cidadãos adquiram capacidades mentais para não assumirem todos os *outputs* produzidos pelos *media* como verdades dogmáticas, e desenvolvam um espírito crítico capaz de filtrar e triar o que lhes é fornecido pelos *media*. Por outras palavras, é necessário criar condições e estabelecer programas de literacia mediática (*media literacy*).

Os *media* assumem-se como instrumentos indissociáveis da divulgação dos ideais globalizantes e democráticos. Graças a eles tem sido possível reunir em frente a um ecrã pessoas de todas as partes do mundo a serem *"empactadas"* pelos mesmos conteúdos, cada vez mais marcados pela mistura, pela multiculturalidade, num sincretismo cultural paradoxalmente individualizado face à volatilidade das identidades (Lipovetsky&Serroy, 2007, pp. 24, 104) «bombardeadas» pelos conteúdos que os indivíduos apropriam de forma autopoiética.

O ecrã, grande e pequeno (desde o cinema, passando pela televisão, pelos computadores, pelos telemóveis e outros dispositivos móveis), torna-se potência transformadora do imaginário cultural global, simultaneamente transpolítico e sócio-estético (Lipovetsky&Serroy, 2007, p. 28). Consequentemente, e segundo Lipovetsky e Serroy, a mutação hipermoderna afecta um movimento síncrono e global de tecnologias e *media*, de cultura e economia, de consumo e estética. O ecrã generaliza-se: na vigilância, no controlo, na informação, no entretenimento, numa infinda convergência para a «ecranocracia» (2007, p. 23).

No entanto, o interesse de quem controla os *media* em colocar a informação apenas ao alcance de determinados privilegiados prende-se com a conveniência em manter sob um certo estado letárgico as populações. Porque afinal, *"uma informação forte pode abrir brecha num ponto fraco da ideologia e provocar eventualmente a desintegração parcial ou total de todo o sistema de ideias"* (Morin, 1999, p. 30). Todavia convém manter a actual ordem social, que apesar da mutação constante, parece mudar apenas na direcção pretendida pelos mais ricos e detentores do leme - ou da «pilotagem mundial».

De acordo com o sociólogo francês Edgar Morin, a imprensa que divulga actualmente as notícias pode ser classificada em dois grupos: a *"imprensa do dinheiro"*, ou seja, a que divulga a informação rentável[7],

---

[7] Os *órgãos de comunicação de massa* são dependentes das leis do mercado, isto é, necessitam, para sobreviver de receitas provenientes, sobretudo, da publicidade que, por sua vez, estão dependentes das audiências.

sendo a restante eliminada; e a *"imprensa do Estado"*, ou seja, a que divulga a informação que o Estado quer que seja difundida (Morin, 1999, pp. 33-34). Perante esta evidência, este mesmo autor defende que para contornar esta situação deverá ser incentivada a concorrência, pois só esta permite a divulgação da informação que o dinheiro ou o Estado querem abafar.

A imagem é, por outro lado, vista como sendo redutora da razão. Suprimindo o espírito crítico, incitando o espectador / ouvinte à indolência e ao espírito de demissão. Não fornecem a realidade, mas uma imagem desta. Uma grande parte da sua influência relaciona-se com o facto dos seus consumidores se deixarem confundir pela imagem da realidade, assumindo-a como sendo a própria realidade, criando, desta forma, a ilusão da informação. O homem actual julga ter acesso ao sentido dos acontecimentos, ao saber, só porque está informado, no entanto, informação não é sinónimo de saber, por muito bem apresentada que seja, nunca será substituto da experiência (Breton, 1992, p. 131).

Finalmente, os *media* contribuem para a ruína da cultura nacional, isto é, a cultura de massas é vista como sendo uma falsa cultura, porque não assenta numa escala individual: anula as diferenças, suprimindo o indivíduo. As máquinas alienam e escravizam o homem ao seu ritmo.

Apesar das interpretações optimistas defenderem que *media* possibilitam a difusão dos conhecimentos, o que facilita o acesso aos mesmos e à informação. Estas visões defendem que a comunicação encerra um conjunto de valores positivos como o diálogo, a troca de ideias, o conhecimento, a formação de uma rede que permite a interligação e a participação dos indivíduos na vida uns dos outros (por vezes, até, simultaneamente). No fundo, permitem a multiplicação dos contactos entre os indivíduos, reduzem distâncias físicas, eliminam resistências sociais e ultrapassam barreiras culturais. Contudo, estes valores tornam-se algo irreais face à multiplicação dos meios de comunicação associados ao desenvolvimento do espaço público, ao «*voyeurismo*» social e ao progresso simultâneo do individualismo e da própria solidão. Isto porque, muitas vezes, as pessoas substituem as «verdadeiras» relações sociais pelo «convívio» com os *media*, que não exigem grandes esforços de convivialidade.

É esta realidade que leva Philippe Breton a falar na *"utopia da comunicação"* e a apresentar um novo modelo de homem. Para este autor, o *"Homo Communicans"* é um ser sem interioridade e sem corpo, que vive numa sociedade sem segredos, um ser por inteiro voltado para o social, que não existe senão através da informação e da permuta, numa sociedade

tornada transparente graças às novas «*máquinas de comunicar*». Essas qualidades do homem de comunicação aparecem como uma das alternativas à "*degradação do ser humano resultante da tormenta do século XX*" (1992, p. 46).

O «homem novo», voltado para o exterior, retira "*a sua energia e a sua substância vital não de qualidades intrínsecas que viriam do fundo de si mesmo, mas da sua capacidade, como indivíduo «informado», conectado com vários «sistemas de comunicação», para reunir, tratar e analisar a informação de que necessita para viver*" (Breton, 1992, p. 51). Ou seja, o homem encara os *media* como pontos de referência para se orientar no mundo. Estes tornam-se instrumentos essenciais que permitem ao homem reagir de forma apropriada ao mundo que o rodeia. Por outro lado, a supressão da interioridade nas «representações do homem» constitui, uma das principais características da comunicação humana (idem, p. 52).

Apesar de todas as críticas que são apontadas aos *media*, Porcher defende que "*o terreno em que os* media *intervêm nunca é virgem, pelo que a sua acção se encontra limitada e orientada. As relações sociais, a vida colectiva, constituem incontestavelmente um bom baluarte contra os eventuais excessos dos* media" (1976, p. 94). Assim sendo, é importante que o conhecimento sobre os *mass media* seja incrementado, uma vez que, quanto melhor conhecidos mais fácil será controlá-los e impedir que manipulem e exerçam influências negativas sobre os indivíduos. Concretizando, os *media* moldarão os comportamentos e as atitudes dos indivíduos se estes permitirem. Da mesma forma que contribuirão como suporte de uma geocultura ou para a "homogeneização" das diferenças, isto é, para a criação de um inconsciente global sem significado ou interior se os indivíduos e o poder permitirem.

Referências

Appadurai, A. (2004).*Dimensões culturais da globalização: a modernidade sem peias*. Lisboa: Teorema.

Breton, P. (1992). A Utopia da Comunicação. Lisboa: Instituto Piaget.

Daehnhardt, R. (2003). Homens, Espadas e Tomates (4ª ed.). Lisboa: Publicações Quipu.

Debray, R. (2007). Un mythe contemporain: le dialogue des civilisations. Paris: CNRS Éditions.

Durand, G. (1982). Mito, Símbolo e Mitodologia. Lisboa: Editorial Presença.

Giddens, A. (1991). Modernity and Self-Identity.Self and Society in the Late Modern Age. California: Stanford University Press.

A Última
Cultura
Finis
Mundi

Harvey, D. (1990). The Condition of Postmodernity. Oxford: Blackwell.

Huntington, S. P. (1999). O Choque das Civilizações e a Mudança na Ordem Mundial. Lisboa: Gradiva.

Lipovetsky, G., Serroy, J. (2007). L'Écran Global. Culture-médias et cinéma à l'âge hypermoderne. Pais : Éditions du Seuil.

Martin, H.-P., & Schumann, H. (2000). A armadilha da globalização: o assalto à democracia e ao bem-estar social (3ª ed.). Lisboa: Terramar.

McQuail, D. (1992). Media Performance Mass Communications and the public interest.London: Sage Publications.

Morin, E. (1999). As Grandes Questões do Nosso Tempo (6ª ed.). Lisboa: Notícias Editorial.

Morley, D., &Robins, K. (1995). Spaces of identity . London: Routledge.

Porcher, L. (1976). A caminho da ditadura dos media? Lisboa: Editorial Inquérito Limitada.

Saperas, E. (1987). Os efeitos cognitivos da Comunicação de Massas. Porto: EdiçõesAsa.

Wallerstein, I. (1991a). Geopolitics and Geoculture.Essays on the changing world-system. New York: Cambridge University Press.

Wallerstein, I. (1991b). "The national and the universal: can there be such a thing as world culture?". In A. D. King (Ed.), Culture, globalization and the world-system: contemporary conditions for the representation of identity (pp. 91-105). Houndmills: MacMillan.

O DELÍRIO DO FEDERALISMO EUROPEU

Renato Epifânio

Presidente do MIL: Movimento Internacional Lusófono
www.movimentolusofono.org

Cada vez mais sinto que já nada me espanta, mas ainda me consigo espantar com algumas vozes que, na actual situação, clamam pelo "federalismo europeu". Falo até de algumas pessoas que intelectual e humanamente considero e estimo. Como é possível que, face à evidência da desagregação da actual União Europeia, essas vozes falem ainda de federalismo? Estamos, de facto, perante um delírio, o típico fenómeno da "fuga em frente".

Procuro compreender essa atitude, sobretudo naqueles que, durante toda a vida, apostaram numa via que, entretanto, se revelou por inteiro quimérica. Talvez não seja humanamente expectável que agissem de outro modo. Tal como Álvaro Cunha nunca renegou a União Soviética, mesmo depois da queda do Muro, também os nossos federalistas domésticos nunca o farão. Falo, sobretudo, dos mais responsáveis por Portugal ter apostado tudo na União europeia, voltando as costas ao Mar e a todo o Espaço Lusófono. Essa gente deve hoje sentir a consciência (se é que a têm) bem pesada. Por sua responsabilidade, é o próprio futuro de Portugal que está em causa...

Ainda recentemente me lembro de ter ouvido Mário Soares – um dos maiores responsáveis, senão o maior responsável, pelo beco sem saída a que chegámos – a dizer que, para o seu seu ansiado federalismo, bastava apenas criar um "patriotismo europeu". Estamos, de facto, no domínio do puro delírio – como se o "patriotismo" fosse algo que se criasse de um dia para outro... Isto para não falar da ironia – falemos apenas de ironia – que é ver aqueles que mais combateram o "patriotismo português e lusófono" a procurarem agora criar um "patriotismo europeu".

Para alimentarem o seu delírio, agitam o fantasma de sempre: a "guerra". Daí o suposto dilema: "o federalismo ou a guerra". É tempo de, também, acabar de vez com esse fantasma. No espaço da actual União Europeia é completamente impensável uma nova guerra. Por múltiplas razões, algumas delas nem sequer abonatórias: os povos europeus aburguesaram-se demais para aceitarem embarcar numa qualquer guerra, mesmo que houvesse razões para isso. Inclusive em Portugal – a maior parte dos portugueses pensa, ainda que não o assuma, como o Bernardo Soares: "Nada me pesaria que invadissem ou tomassem Portugal, desde

que não me incomodassem pessoalmente". Em suma: já não há povos, muito menos "povos em armas", para fazer uma guerra.

Sejamos, pois, realistas, procurando, lucidamente, analisar a situação. Se o federalismo europeu é impossível, pelo menos à actual escala da União Europeia, isso não significa que todos esses países não tenham interesses em comum, suficientes para manter um espaço de cooperação económica. São os interesses comuns e não as passageiras paixões, muito menos os fulminantes delírios, os melhores alicerces das alianças. Reconhecendo esses interesses comuns, os países europeus, naturalmente, manterão esse espaço de cooperação económica. Alguns deles, os mais próximos, poderão até avançar para uma real integração política. Mas esta será sempre uma "federação" muito localizada, jamais extensível à actual União Europeia.

Nunca chegaremos, de facto, aos Estados Unidos da Europa. Quem continua a falar disso, aludindo ao exemplo norte-americano, ilude o essencial: nos Estados que vieram a constituir os Estados Unidos da América havia uma grande homogeneidade linguística e cultural; mesmo assim, a "federação" fez-se a ferro e fogo. Com guerra, aí sim. Ora, na Europa, não há, de todo, essa homogeneidade linguística e cultural. Já para não falar dos diversos interesses geo-estratrégicos – por isso, desde logo, sempre foi completamente irrealista falar-se de uma política externa comum europeia. Esta jamais existirá. Os países europeus têm demasiado passado para poderem ter um futuro unificado a esse ponto. Pretender o contrário é fazer tábua rasa da história. Por isso, o que se está a passar agora na União Europeia era, para as vozes mais lúcidas e realistas, por inteiro expectável.

Infelizmente, na altura da euforia europeísta, essas vozes foram por inteiro silenciadas ou ridicularizadas (forma mais moderna da Censura vigente...): eram os "novos velhos do Restelo". Mas a história veio-lhes dar razão. Foi um erro, um colossal erro, Portugal ter apostado tudo na União Europeia, voltando as costas ao Mar e a todo o Espaço Lusófono. Podíamos e devíamos ter apostado na cooperação à escala europeia, mas sem abdicarmos dos nossos interesses geo-estratégicos – como, por exemplo, sempre fez a Grã-Bretanha. Agora, porventura, já será tarde. Pelo menos, o preço que pagaremos por tal colossal erro será muito elevado. Mas a história, inclemente como (quase) sempre, julgará quem nos levou a este beco sem aparente saída. Ocupemos antes o nosso tempo a tentar não deixar esse barco chamado "Portugal" naufragar de vez...

A Última
Cultura
Finis
Mundi

AMERICANOFOBIA
Joaquim Reis

Quem leia estas modestas linhas que escrevo, já notou que sou na generalidade um americanófobo. E contudo eu era, quando novo, um fanático americanófilo. Mudei eu ou que é que mudou?

Hoje, a minha neta de 10 anos viu o meu velho gira-discos e quis saber para que servia. Há já muitos anos que não o punha a tocar. Experimentei-o agora para mostrar à minha netinha. Tirei um disco à sorte do armários onde tenho velharias arrumadas. Saiu-me um "album" de dois discos de canções de Frank Sinatra. A minha neta aguentou ouvir uma só canção. Eu, porém, não pude deixar de ouvir as 12 contidas nos discos. E ouvi-as com o mesmo deleite de outros tempos.

Frank Sinatra era sem dúvida um grande cançonetista. Afinal, fui eu que mudei ou foi a América, a que me fazia sonhar?

Grandes nomes nos dava a América do Norte: George Gershwin e Cole Porter, compositores; Spencer Tracy, actor: Judy Garland, actriz e cantora; e muitos mais, que me passaram, provindos de Hollywood de boa fama -- nesse tempo.

Hoje, a América do Norte não faz sonhar, pelo contrário, cria pesadelos. Detesto esta América que destrói países e culturas, que quer dominar o mundo, que apostatou Cristo e passou a adorar Mamona, que rouba todo o mundo com os seus falsos dólares, e é governada por verdadeiros criminosos, que usam a NATO para cometer os seus nefandos crimes. A América já não é a mesma. Povo desgraçado, povo acarneirado, povo que não sabe o que é a dignidade e a liberdade.

Essa gente de simpáticos nomes de outros tempos, gente morta que apenas se ouve em discos e se vê nos filmes, não estaria já contaminada pelo falso idealismo do materialismo triunfante? Frank Sinatra, -- a "Voz" -- não seria apenas a voz, pois, como julgo saber, ele não era boa rez e estaria metido com a máfia, desenvolvimento americano da homónima siciliana? Judy Garland suicidou-se com barbitúricos, tão enervosada ficara com a exaustiva vida cénica que levava: na América, um divo adorado pelo público acaba por ser morto por essa adoração. George Gershwin morreu com menos de quarenta anos, exausto, esgotado, deprimido. Na América quem não triunfa é um "falhado" e se triunfa acaba exausto.

Graças a Deus, nunca caí na tentação, aliás forte, de ir para a América. Se tivesse ido seria mais um "falhado", pois não teria "vencido" numa sociedade tão anormal, tão mal formada, tão materialista e tão indigna.

Estou a lembrar-me de um filme com Bing Crosby e Bob Hope, em que aquele ironizava com a "dignidade" da sua família, e outro com Fred Astaire, em que era considerado pelo futuro sogro um grande homem por ter ganho à batota uma quantidade apreciável de dólares.

Esta sociedade norte-americana, que, ainda, alguns ingénuos podem supor um modelo a seguir, não presta e é perigosa porque apoia com seus votos uma corja de malfeitores (é o termo!) que pretende dominar o mundo.

DA NECESSÁRIA REGENERAÇÃO DE PORTUGAL
Rui Martins

Portugal não acabou, nem acabará tão cedo. O país já enfrentou várias crises passadas - aparentemente terminais - e sempre as ultrapassou no último momento, quando tudo parecia já irreversível. Foi assim durante os vários refluxos da Reconquista, foi assim durante o período filipino, a guerra holandesa no Brasil, as invasões napoleónicas, as várias bancarrotas do século XIX, a perda das colónias em 1975 e será agora assim também. Portugal resistiu a crises que derrubaram outros países e que evaporariam muitos outros Estados europeus.

De onde vem esta resiliência de Portugal? Como em qualquer resposta, estamos perante um cruzamento múltiplo da factores... Desde logo, Portugal mantém no espaço geográfico em que está encastrado uma notável homogeneidade cultural e linguística. Esta homogeneidade não tem o escudo oferecido pela geografia de que beneficiam outros países europeus, como a Suíça ou a Irlanda, nem uma base étnica original e profundamente diversa daquela que se encontra na outra banda da raia espanhola. Mas estas fragilidades são comprovadamente compensadas pelo

41

carácter livre, apegadamente independente e marcadamente diverso do "espanhol" que existe no outro lado da fronteira. A resiliência portuguesa é assim sobretudo cultural. E enquanto houver uma cultura portuguesa, haverá Portugal. Somente quando esta fenecer, aí sim, estará o país realmente ameaçado.

A própria sobrevivência milenar de Portugal prova que para que um país subsista aos seus inimigos e sobreviva à sua própria desorganização ou raridade de recursos não tem que ser maior, mais populoso ou mais rico que os seus vizinhos. Basta, tão somente, que as suas gentes queiram ser independentes e prezem essa soberania acima de qualquer outro valor, recusando sempre a diluição (ainda que materialmente vantajosa) numa entidade nacional diversa. Contudo, em certos momentos da História de Portugal, as elites movimentaram-se num rumo contrário ao pendor patriótico do Povo. Foi assim em 1383-1385, foi assim durante a ocupação filipina, foi também assim na Primeira Invasão Napoleónica e é assim agora com os "estrangeirados" que defendem furiosamente a "federação" neoimperial europeia. Mas Portugal é mais do que as suas elites. E quando estas se movem em sentido contrário ao do país estas acabam sempre vencidas. Foi assim no passado e será assim, agora no presente, em que a "federação europeia" nos é subrepticiamente imposta como "única saída" para a grave crise financeira que assola o continente europeu.

Com ou sem elites, com ou sem riquezas materiais ou físicas ou sem uma fronteira humana ou geográfica que nos proteja dos sempre vivos apetites de Castela/Madrid, ou agora, mais recentemente, dos mais impulsos centrípetos da Alemanha, Portugal depende para preservar a sua independência da vontade das suas gentes. Enquanto existir um sentido de pertença a uma coisa comum, da existência de uma Comunidade distinta da vizinha, da presença de uma diferença linguística e cultural marcante em função do exterior ibérico e europeu haverá Portugal.

Mas se existe este forte e decisivo (em momentos de crise) impulso para a independência, também é certo que a independência só pode subsistir num dado contexto económico. Um país cronicamente deficitário não pode ser independente se depender sempre do auxílio externo, das mercadorias estrangeiras ou dos alimentos importados. Um país independente tem que ser um país autónomo, em que a soberania politica soa harmonicamente com a soberania económica. E para que haja soberania económica, há que ajustar os níveis de Despesa do Estado, da Comunidade e do Indivíduo aos níveis de Rendimento, há que recusar o pagamento de toda a Divida Externa passada (cedida em clima vicioso ou imoral), abster-se de contrair nova divida e ajustar (ainda que brutalmente) o nível de vida ao nível de

rendimento. Laconismo, austeridade e contenção de consumo têm que fazer parte de um novo mantra regenerativo que restitua a Portugal aquilo que o vício do crédito, a tercialização forçada da economia e o federalismo europeu nos roubaram. Portugal tem que se reencontrar, buscando uma expressão de vida compatível com a riqueza que é capaz de gerar para si próprio, reencontrado assim na sua própria força, Portugal pode de seguida alavancar de forma sustentada e sistemática aquela que será a sua próxima fase de existência: a convergência lusófona.

Portugal nunca foi um "país" no sentido norte-europeu do termo. Sempre foi mais uma "ideia de estar no mundo", um "ideal conversável de vida" ou uma atitude que uma nacionalidade, xenófoba e exclusivista. Inclusivo por temperamento e destino histórico, o português - "rafeiro" genético - incorporou nos seus genes inúmeras heranças, desde a hebraica (que hoje está presente em mais de 20% da população), negróide (no

século XVIII, um quarto da população lisboeta e 25% da algarvia era africana), passando pelos itálicos, visigodos, suevos, sírios, berberes ou vândalos. Esta mistura de genes tornou-nos tolerantes perante o "outro" e compeliu-nos a sair pelo mundo fora, buscando a nossa identidade e sentido de vida. Uma vez que consigamos ultrapassar a crise atual, provocada pela rendição mercenária a uma Europa que nos quer tercializar e secundarizar e pela supressão de uma "doença divida" que nos escravizou à Alta Finança, podemos passar à fase seguinte. Aquela fase que os devaneios insustentáveis de Sebastião nos fizeram esquecer nas areias do norte de África, em que os excessos ultra cristãos da Inquisição, do Mercantilismo, do Capitalismo de Estado, do Pecado comum do Esclavagismo e do Colonialismo nos fizeram perder o Portugal dionísico, dos municípios livres e semi-independentes, de uma prosperidade rural e agrícola e de um pais ajustado aos seus próprios rendimentos.

A fase seguinte será a da Lusofonia. Depois da fundação, da reconquista, da expansão, do refluxo e da ilusão novoriquista da europa, Portugal regressará - regenerado - a si próprio e uma vez reencontrado e estabilizado terá a energia anímica bastante para dar o salto seguinte: para concretizar o sonho perdido do Infante, para procurar novos mundos e reencontrar o projeto vierino, pessoano e agostiniano de se cruzar com os povos de fala lusófona que deixou pelo mundo fora e de, juntos, buscarem numa União política de tipo novo, de ambição extraordinária e de realização plena realizando aquele "Império do Espírito Santo" que ficou prometido desde o tempo de Dom Dinis.

A Última
Cultura
Finis
Mundi

MÁRIO SOARES OU O PARADOXO DE UMA ILUSÃO DE ÓPTICA NA POLÍTICA NACIONAL

Frederico Duarte Carvalho
(Jornalista e escritor)

Existe uma ilusão de óptica que julgo ser bastante conhecida da generalidade das pessoas e que mostra a cabeça de um cavalo, que, ao rodar a imagem para a direita, esta dá lugar a um sapo num pântano. Há também aquele desenho onde uma mulher linda acaba por se transformar, da mesma maneira, numa velha feia. E vi há dias a imagem de um coelho que, ao olhar com mais atenção, afinal podia ser também um pato, pois as orelhas do animal felpudo eram o bico da ave.

Estes são exemplos de algumas ilusões de óptica que, diga-se de passagem, não acontecem apenas no papel. A realidade palpável do dia-a-dia está cheia de casos que envolvem figuras de carne e osso. São pessoas cujo percurso histórico, público e político, todos nós conhecemos, mas que não passam igualmente de ilusões de óptica.

Uma pessoa que sempre me pareceu uma autêntica ilusão de óptica é a da figura de Mário Soares. O "pai da democracia" nacional, para mim, sempre constituiu um paradoxo histórico que nos confundiu como ilusão de óptica.

Sei que se formou como advogado e lutou contra o Estado Novo. Estou consciente de que esteve preso pela polícia política e foi enviado para o exílio em S. Tomé. A história conta-nos depois que sobreviveu em Paris onde, em 1972, escreveu o livro "Portugal Amordaçado". E, um ano antes da Revolução de Abril, fundou o PS.

Regressou a Portugal dias após o golpe de Abril de 1974, implantou o PS na sociedade portuguesa, foi ministro dos Negócios Estrangeiros, deu a cara no difícil e polémico processo da descolonização, consolidou a democracia enfrentando o poder comunista, foi eleito primeiro-ministro por duas vezes e conseguiu ainda ser eleito Presidente da República, igualmente por duas vezes, acrescentando-se ainda o título de ter sido o primeiro civil a exercer o cargo de Presidente da República a Ditadura do Estado Novo.

Mário Soares nunca baixou os braços nem optou por uma reforma dourada como presidente da sua Fundação após ter saído de Belém, em 1996. Submeteu-se de novo ao voto popular e, em 1999, chegou a eurodeputado. Em 2006, já octogenário, não desistiu da luta política e voltou a ser candidato a um terceiro mandato ao Palácio de Belém de modo a evitar a eleição de Cavaco Silva, o seu rival do PSD. Mas, o povo,

ingrato, não o quis. E hoje, apesar de afastado da política activa, continua activo socialmente, escrevendo sempre, como prova a mais recente autobiografia política.

Só que, tal como na ilusão de óptica do cavalo que é um sapo, da menina bonita que pode ser uma velha feia ou do coelho que é um pato, também Mário Soares é uma ilusão de óptica. Ele foi advogado, lutou contra o regime do Estado Novo e esteve exilado, mas também um outro advogado daquela época lutou contra o regime e não esteve exilado: Sá Carneiro. E, no livro de 1972, "Portugal Amordaçado", Mário Soares reconhece mesmo na figura de Sá Carneiro um dos que, nessa altura, lutava em Portugal contra o regime ditatorial então liderado por Marcello Caetano.

Mário Soares fundou o PS no exílio, mas essa organização não tinha qualquer apoio popular e existia apenas no papel, conforme escreveu num telegrama diplomático depois do 25 de Abril o então embaixador norte-americano em Portugal, Stuart Nash Scott. Contudo, os EUA demitiram esse embaixador após a visita ao nosso País do director-adjunto da CIA, Vernon Walters. E, como resposta, enviaram para Lisboa um homem de confiança da CIA, Frank Carlucci. E graças ao apoio desse norte-americano abriram-se as portas de Washington a Mário Soares para conseguir o apoio financeiro para combater os comunistas e ser eleito primeiro-ministro em Abril de 1976.

Soares recusou depois um governo de coligação com o PPD de Sá Carneiro. No entanto, apesar de ter sido eleito primeiro-ministro por duas vezes, é igualmente um facto que Soares nunca cumpriu qualquer mandato até ao fim. Aliás, tirando as eleições de 1976, sofreu sempre derrotas enquanto Sá Carneiro era o seu principal rival político. Soares seria demitido em 1978 pelo Presidente Ramalho Eanes após uma coligação falhada com o CDS de Freitas do Amaral. No ano seguinte, nas eleições intercalares, foi derrotado nas urnas pela coligação da AD, entre Sá Carneiro, Freitas do Amaral e Gonçalo Ribeiro Telles, do PPM. Voltou a sofrer uma derrota nas eleições gerais de 1980 e, nesse mesmo ano, viu-se obrigado a auto-suspender-se do cargo de secretário-geral do PS durante as eleições presidenciais, porque não podia apoiar Ramalho Eanes nem ir contra a política interna do PS. Mário Soares só regressou ao cargo de primeiro-ministro, em 1983, devido à orfandade da AD, que viu desaparecer dois dos seus principais membros, Sá Carneiro e Adelino Amaro da Costa, mortos em Camarate ou, para ser politicamente correcto, "assassinados", visto ter sido essa a conclusão da 8ª Comissão de Inquérito da Assembleia da República, em Dezembro de 2004.

O PS, com Mário Soares, para além de nunca ter cumprido até ao fim os mandatos de quatro anos, também nunca foi capaz de governar sozinho. Se, em 1977, Soares tivera de fazer um acordo com o CDS, em 1983 foi obrigado a criar o Bloco Central com o PSD, então liderado por Mota Pinto. Apesar do voto de confiança dos portugueses para que Mário Soares governasse durante quatro anos numa coligação com o PSD, o líder do PS usou o cargo para se candidatar à cadeira de Belém. Isso conta-o com bastante detalhe o socialista Rui Mateus, no livro "Contos Proibidos", obra que Mário Soares afirma nunca ter lido.

No caminho que fez até Belém traiu amigos, como foi o caso de Salgado Zenha, que se candidatou também às eleições presidenciais de 1986. Do lado da Direita, depois do assassinato de Sá Carneiro e Amaro da Costa, só havia um candidato capaz de fazer sombra a Soares: Freitas do Amaral. E Soares, com o apoio dos comunistas, cuja ilusão de óptica permitiu que, na segunda volta das eleições, fechassem os olhos no momento do voto e engolissem um sapo, foi eleito Presidente da República.

Seria reeleito cinco anos mais tarde quando o primeiro-ministro Cavaco Silva, antigo ministro das Finanças de Sá Carneiro, não apresentou candidato contra si. Aliás ambos beneficiavam da estabilidade de uma maioria absoluta, oferecida a Cavaco precisamente por Mário Soares, em 1987, quando aprovou eleições antecipadas em detrimento de uma solução parlamentar entre PS e PRD, partido fundado por Ramalho Eanes, que contava com o apoio tácito do PCP. Uma decisão que teve ainda o condão de impedir o funcionamento de uma comissão parlamentar de inquérito ao caso das armas norte-americanas traficadas no aeroporto de Lisboa no caso internacionalmente conhecido como "Irão-Contras". O principal candidato da Direita contra Mário Soares, nas eleições presidenciais de 1991, foi Basílio Horta, do CDS, e que hoje é deputado independente pelo PS.

E 15 anos mais tarde, em 2006, quando Mário Soares concorreu contra Cavaco Silva na corrida a Belém, acabou por beneficiar o adversário. A candidatura de Soares e a confusão que provocou ajudou a fazer com que o antigo líder do PSD conseguisse aparecer aos olhos dos portugueses como uma segunda ilusão de óptica política, a ponto de esquecerem os motivos pelos quais, em 1996, o mesmo Cavaco fora derrotado na mesma corrida pelo então líder do PS, Jorge Sampaio. E, pelo caminho, Soares voltou a trair amigos, como foi o caso do poeta Manuel Alegre.

Olho agora para as fotos de Mário Soares desde o 25 de Abril de 1974. Leio livros e artigos de jornais da época e vejo ali um paladino da liberdade. É homem a quem devemos a conquista da Democracia em

Portugal. Será um ser imaculado? É Humano e com defeitos, é longe de ser perfeito, mas ainda assim, é um homem que se sacrificou por todos nós, pelo direito que temos a viver em igualdade, liberdade e fraternidade. Mas, depois, vou com outros jornalistas ao um encontro que ele tem com Frank Carlucci, poucos dias após a eleição de Pedro Passos Coelho, na antiga lavandaria da residência do embaixador norte-americano, na Lapa. Vejo dois homens que se conhecem há anos a falarem do meu País como se fosse uma quinta que lhes pertence e onde eles são dois velhos capatazes. Vejo os jornalistas a fazerem vénias e a tirarem fotos para a História. E, mais tarde, quando é publicada a mais recente obra autobiográfica da vida política de Mário Soares, nenhum jornalista se interroga por que motivo o nome do velho director-adjunto da CIA não surge mencionado uma única vez. Mário Soares é assim: uma ilusão de óptica.

A Última
Cultura
Finis
Mundi

PORTUGAL PRECISA DE FORÇAS ARMADAS?

João José Brandão Ferreira
TCor/Pilav (Ref)

Com este título publicou o Coronel David Martelo um extenso e bem articulado artigo, onde analisa a importância das Forças Armadas (FAs) e o modo como são vistas pela Nação, em contraste com a falta de defesa institucional por parte dos órgãos de soberania e demais forças políticas e os maus tratos que, de um modo geral, recebe de comentadores e jornalistas que pontificam nos "média".

Escusado seria dizer que o Coronel Martelo tem toda a razão nas explanações que fez. Falta porém perceber e apontar as razões que levaram e levam, a esta inacreditável e irresponsável falta de sintonia entre responsáveis políticos – que se repercute para a opinião pública – e a Instituição Militar (IM) que, aliás, está acima dos políticos e para além dos políticos, pois é, ela própria, uma emanação da Nação. Os políticos passam, vão e vêm, a IM está e fica.

É sobre estes pontos que nos iremos debruçar, certamente com menor elegância do que o meu camarada Cor. Martelo, neste escrito. Sem embargo, com alguma acutilância.

"Mas, senhor ministro, eu entendo que o meu dever como soldado que me orgulho de ser, consiste precisamente em dizer o que penso, para que ao derrocar-se esta nacionalidade se não diga que tendo uma oportunidade de chamar a atenção do governo para a miséria militar da Nação, eu a deixe escapar por comodismo ou cobardia".

General Gomes da Costa, no discurso de tomada de posse do Ministro da Guerra, General Vieira da Rocha, em 15 de Agosto de 1925.

Antes de entrarmos no âmago da situação actual e sua caracterização, é mister fazer um "flash-back", muito rápido – mas indispensável – à História recente. Os acontecimentos de Abril de 74 são, mais uma vez, o marco referencial.

Após os fogachos de popularidade relativamente às FAs, surgidos na euforia da Revolução que se seguiu ao Golpe de Estado, rapidamente essa popularidade se exauriu para atingir o grau zero no pino do chamado "verão quente" de 1975. A Honra e o Brio militar andaram pela lama para só começarem a recuperar – felizmente pelo seu próprio pé – com as acções desencadeadas a 25 de Novembro do mesmo ano.

A caminhada tem sido, desde então, longa, dura e com resultados, em muitos casos, incertos e insuficientes. O golpe de estado de 25 de Abril de 74 efectuado por uma pequena parte dos oficiais do quadro permanente [8] teve, algo paradoxalmente, resultados muito negativos, para toda a IM.

De facto, o controle dos acontecimentos foi perdido na própria tarde do dia do golpe. E foi perdido em proveito das numerosas hostes político-partidárias que de imediato pulularam e… para a rua.

As divisões internas entre os próprios militares, as prisões e os saneamentos arbitrários, bem como a partidarização de muitos, estilhaçaram a coesão do corpo militar.

Laivos de anarquia e desvario percorreram a IM com o consequente colapso da cadeia hierárquica e da unidade de comando e disciplina que permitiriam aguentar o dispositivo na Metrópole e em África, onde havia cerca de 140.000 homens em pé de guerra. Os resultados são de todos conhecidos e a Instituição Militar ainda não recuperou totalmente dos mesmos e ficou, desde então, mal consigo própria e com a Nação. E esta com aquela.

A erosão da imagem das FAs perante os cidadãos processou-se a um ritmo alucinante. Apresentamos algumas razões.

---

[8]Nunca quantificado. No entanto, colhiam apoios em muitos outros e uma atitude de não hostilização na maioria dos demais.

Os militares ficaram de mal com a chamada "Direita" [9] não por causa do 25 de Abril em si mesmo mas, sobretudo, por causa das consequências do 11 de Março; ficaram de mal com os comunistas e a estrema esquerda por causa do 25 de Novembro e do que se lhe seguiu; ficaram de mal com as forças da "esquerda" e do "centro" por causa do pacto MFA/Partidos e do Conselho da Revolução [10] e porque, enfim, nesta área militam muitos personagens, nomeadamente intelectuais, que por princípio não gostam das FAs e dos militares; perdeu-se o apoio de vastas camadas da população rural, por causa da "Dinamização Cultural" e da "Reforma Agrária" e das chamadas ocupações selvagens; ganharam a animosidade dos apelidados de "retornados" por causa da Descolonização que os obrigou a perder quase tudo.

Enfim, por uma causa ou outra, os militares acabaram por ficar mal com praticamente toda a população.

Convenhamos que dificilmente se conseguiria pior resultado em qualquer parte do Mundo.

O efeito de tudo isto nos oficiais e sargentos do quadro permanente foi arrasador e só não teve piores consequências devido ao facto da situação catastrófica e vergonhosa em que tinha caído a vivência nos quartéis, ter gerado uma reacção violenta nas fileiras no sentido de repor a normalidade da vida militar logo a seguir ao 25 de Novembro. O afastamento de grande parte dos militares que se tinham revelado agentes subversivos da Instituição, ajudou à recuperação.

Esta recuperação deu-se com incrível rapidez, apesar da grandiosidade da tarefa. Foi preciso reorganizar tudo, desmobilizar milhares de pessoas, acolher todas as estruturas vindas do Ultramar; reorganizar as finanças e o pessoal; actualizar a doutrina, o dispositivo e o sistema de forças; perspectivar uma participação na NATO, etc.

O edifício voltou a erguer-se, mas os caboucos não foram significativamente escorados. De certo, voltou a haver disciplina, organização, treino, exercícios; a hierarquia, melhor ou pior, passou a funcionar e todo o mundo passou a andar bem uniformizado e ataviado, etc. O problema é que não se conseguiu restaurar a Ética e Deontologia militares, o espírito de corpo e a camaradagem, nem a confiança na cadeia hierárquica, na sua plenitude. Muitos cursos oriundos das Escolas de Formação Superior Militar continuam "partidos", tendo-se criado animosidades para toda uma geração e restando ainda contas a ajustar entre

---

[9] A "Extrema-direita" praticamente nunca existiu em Portugal e ficou definitivamente menorizada desde os tempos de Rolão Preto e o Nacional - Sindicalismo.

[10] Que as forças políticas assinaram, mas nunca perdoaram.

muitos. As feridas levam muito tempo a sarar.

Mas, a seguir, fez-se uma outra asneira de gravíssimas repercussões: em vez de se tentar separar o trigo do joio, que permitisse salvaguardar a imagem das FAs como instituição fundamental a preservar no futuro, decidiu-se – e aqui as responsabilidades dividem-se entre chefias militares e políticos – meter tudo no mesmo "saco", promover todo o mundo a coronel ou sargento-chefe e distribuir subsídios a esmo.

E quando referimos "separar o trigo do joio" não estamos a significar a opção política de cada um, mas sim a diferenciar e julgar, aqueles que se portaram segundo "os ditames da Virtude e da Honra" e os outros.

Isto calou a contestação, mas não silenciou as críticas, e não resolveu a justiça relativa nem defendeu a dignidade da IM e dos militares: agravou-a, até ver, irreversivelmente.

As gerações de oficiais que se têm seguido no comando das FAs, desde o "PREC" para cá, foram muito afectadas por todos os eventos. Acreditamos que as realidades vividas lhe possam ter criado eventuais inibições do foro psicológico que se repercutiam obviamente nas atitudes e comportamentos.[11]

Atentemos: a totalidade das gerações de oficiais com funções de altos comandos, desde o 25 de Abril até ao presente, foi formada durante a vigência do Estado Novo. Ora isto arrumou-lhes a cabeça de uma certa maneira. Para sobreviverem até hoje foi preciso adaptarem-se de alguma forma às novas realidades. Isto tem custos. Por outro lado, fizeram a guerra de África. Alguns coleccionaram cinco comissões. Isto deixa marcas físicas e morais. Em seguida passaram pela experiência do 25 de Abril, do PREC e da recuperação do mesmo. Foi um período muito difícil e de grande desgaste. Mais tarde tiveram de se adaptar aos novos figurinos políticos e suas consequências nas FAs. Em acumulação, levam mais de 30 anos de propaganda anti-militar[12] e de convivência e apoio difíceis relativamente aos órgãos de soberania do Estado.

Ora tudo isto se passou numa mesma geração, ou seja um mesmo indivíduo passou por tudo o que atrás foi descrito.

Não deve haver paralelo na História de Portugal, salvo talvez no período que vai de 1577 a 1582, e na transição da Monarquia Constitucional para a República.

Pode compreender-se assim, as razões pelas quais as sucessivas lideranças militares têm tido dificuldades em reunir a estamina, o querer, o saber e as condições suficientes para evitar o plano inclinado no qual a IM

---

[11]Estamos a tentar caracterizar uma linha média de actuação, obviamente.
[12]Que não anti-militarista…

veio a descer no conceito público e institucional, não se consegue encontrar consigo própria e vê diminuir a sua prontidão operacional para níveis perigosamente baixos. Diremos mesmo, que há muito se ultrapassaram esses níveis.

E o que se torna mais desolador e inquietante é que todos os indicadores que se podem recolher da situação política, económica e social que nos envolve, não dão azo a optimismos.

Dois outros sectores em que a IM ainda não conseguiu acertar o passo, apesar dos esforços feitos, e que a afectam sobremaneira são as relações públicas e, sobretudo, os "Media". Num mundo dominado pelo audiovisual mais do que pela notícia escrita, as FAs, praticamente não pontificam. Ora quem não aparece nem é notícia, não existe!

Basta analisar, mesmo pela rama, o que sai a público sobre a IM, relativamente à sua adequação, ao que é verdade, ao que sai distorcido e ao que é calado, para se ter a noção da imensidão de coisas a fazer. Nos últimos 30 anos as FAs têm perdido, praticamente, em todas as frentes. Perderam prestígio ao ponto de quase se ter a noção de que são toleradas como um mal necessário, a eliminar em altura apropriada; sofrem ataques sistemáticos e não se defendem; perdem estatuto, nomeadamente remuneratório, relativamente a outros grupos profissionais tidos por equiparados ou susceptíveis de equivalências, não conseguem atrair os jovens para as suas fileiras. Os seus membros têm sido sistematicamente irradiados de lugares que tradicionalmente ocupavam (ou podiam ocupar), a nível político ou de outros corpos/órgãos do Estado.[13] Altos responsáveis foram, por vezes, enxovalhados na praça pública sem que ninguém lhes acuda institucionalmente, nem que os próprios se defendam.[14]

---

[13] Alguns lugares eram ocupados devido aos seus conhecimentos e experiência, além de permitir saídas "por cima". Muitos destes cargos não eram remunerados sendo apenas facultado nalguns casos o carro, telefone e refeições quando em serviço. Tem-se verificado a sua substituição por pessoas que passam a ser remuneradas e não dispicientemente.

[14]Vejam-se os casos entre outros, do Almirante Cerejeiro (e dos restantes membros do Supremo Tribunal Militar) aquando da polémica sobre as prisões dos ex agentes da PIDE/DGS; do General Loureiro dos Santos; do General Gabriel Teixeira quando esteve à frente da PSP; do General Silva Cardoso aquando da promoção a Marechal do General Humberto Delgado; do General Cabral Couto aquando da actuação da Protecção Civil, aquando de uns vendavais que assolaram o país, a exoneração do Almirante Fuzeta; a gafe do MDN numa conferência de imprensa com o general Alvarenga; a auto demissão do general Viegas de CEME, etc. Isto para já não falar do historiador Fernando Rosas que num programa de televisão chamou burros a todos os Coronéis... Foi excepção a esta "debacle" a posição do Almirante Ribeiro Pacheco e sobretudo do Almirantado na altura da substituição daquele CEMA. A posição, digna, das chefias militares relativamente a falhas de protocolo no dia da inauguração da Expo 98 foi, também, um bom sintoma. Idem para a ordem de mandar recolher a portos as forças navais, por questões orçamentais, em Fevereiro de 2002, por parte do CEMA Almirante Vieira Matias.

As FAs têm sido sistematicamente asfixiadas e manietadas no campo financeiro, na gestão do pessoal e em termos legislativos. Todas as "reformas" que se dizem querer fazer, apesar de toda a roupagem com que são envolvidas, apenas têm conseguido (visado) um objectivo: reduzi-las! E reduzi-las à sua expressão mais simples. [15]

O corolário de tudo isto (e muito mais haveria a dizer), é terem os militares sido relegados, sucessiva, paulatina e concertadamente, para a prateleira das velharias sem valor.

No entanto, os militares, quais "vítimas" deles próprios, tentaram optimizar a prontidão operacional dos cada vez menos meios disponíveis (o que já foi um esforço notável), trabalhando muito (embora nem sempre produzindo em conformidade), carregando a cruz da servidão, do exemplo e do espírito de sacrifício, vendo ser alienado parte substancial do património que até à data estava à sua guarda, ultrapassados a maioria das vezes pelos acontecimentos políticos nacionais, deixando que se estabelecesse a dúvida entre a subordinação (legítima) ao poder legalmente instituído e a submissão (inaceitável), foram, os militares, a pouco e pouco, caindo na apatia, na morbidez, na crítica corrosiva, no olhar para o umbigo, no salve-se quem puder... A maioria dos esforços feitos por muitos aos vários escalões de comando perderam-se na máquina trituradora em que se transformou a vida de todos os dias.

Quem hoje percorrer as fileiras, só ouve falar em esperar pelos incentivos para abandonar o serviço activo, arranjar "part-time" ou tirar cursos. Muitos passaram a trabalhar tipo das nove às cinco. A funcionalização tem crescido exponencialmente e sido fomentada por órgãos do poder político e pela dinâmica das sociedade. Os mais novos desconhecem quase em absoluto as razões e o enquadramento que levou ao actual estado de coisas mas sofrem-lhe as consequências e reagem em conformidade. Isto é, vão na onda e fazem-na crescer.

As pessoas andam a perder a capacidade de se indignar, e a vontade de lutar e alguns dos que ainda o fazem é por motivos menos nobres, como seja o de ser nomeado para um lugar apetecido ou conseguir uma promoção.

Com este pano de fundo a tendência algo instalada em toda a cadeia hierárquica, é a de não levantar grandes questões relativamente aos

---

[15]É conhecida toda a propaganda e actividades desenvolvidas contra o serviço militar e que tem por base agradar às "Jotas" dos partidos políticos. Começou-se por ir reduzindo o tempo de serviço até que um ministro impôs - qual monumento à demagogia (sem oposição que se conheça dos chefes militares da altura) - os célebres quatro meses. Sabe-se que isto foi uma medida congressista (véspera do congresso de uma Jota), mas é fácil ver hoje em dia, que a medida apenas representava uma pequeno passo para acabar com o serviço militar obrigatório. O que foi consumado, em 2004.

A Última
Cultura
Finis
Mundi

problemas existentes havendo normalmente um "superavit" de ataques aos efeitos em vez das causas. O dilúvio de papel e de informação, as urgências para ontem, ingerências no trabalho dos inferiores e as dissonâncias corporativas, vêm afectar gravemente a vivência da Instituição.

Há simultaneamente, falta de estímulos e falta de reacção a estímulos.

Em síntese:

Desde que entrou em vigor a Lei 29/82, Lei da Defesa Nacional e das FAs – que acabou por ser, também, um ajuste de contas com a tutela militar configurada no Conselho da Revolução – as FAs foram sujeitas a sucessivas e continuadas asfixias financeiras, em pessoal e administrativos, resultando numa diminuição de meios sem paralelo em qualquer outro sector do Estado.

De uma forma geral a actuação política de todos os governos – e que tem colhido uma "estranha" unanimidade em todas as forças político-partidárias – tem visado e conseguido:

A submissão da hierarquia militar aos desígnios políticos em vez da correcta subordinação;

A saída das chefias militares da tabela salarial das FAs e a sua indexação ao vencimento dos cargos políticos e a ausência de intervenção da IM na escolha dos seus chefes;

- O ataque sistemático à Condição Militar;
- O fim do Serviço Militar Obrigatório e a "invenção" do "duplo" voluntariado;
- A funcionalização dos militares;
- O fim da Justiça Militar;
- A degradação da Disciplina Militar;
- A "civilização" da Instituição;
- O afastamento dos militares de todos os cargos fora da estrutura militar dos Ramos, EMGFA e órgãos da estrutura militar das Alianças de que Portugal é membro;
- A degradação contínua dos vencimentos e subsídios associados, face a outros grupos profissionais de referência;
- A inacreditável falta de defesa institucional, para além das frases de circunstância;
- A falta de importância e de empenhamento na execução das Leis de Programação Militar;
- Ingerência do ensino civil no ensino militar, para além do razoável;
- Invasão de competências por parte de responsáveis políticos civis em áreas que devem estar reservadas a militares;

O Estado Português há muito que apenas despende 1,1% do PIB (quando a NATO recomenda um mínimo de 1,3%, e neles ainda inclui a GNR!).

Tudo isto configura uma <u>extensa</u> lista de <u>erros</u> que têm afectado a capacidade operacional, a disciplina e o Moral das FAs e a sua redução a uma dimensão quase simbólica, própria dos Estados Exíguos, designação que o Prof. Adriano Moreira costuma atribuir ao caminho que o nosso País tem percorrido.

Deve ainda referir-se, que ao mesmo tempo que se tem passado tudo o indicado – sendo as FAs um exemplo de reestruturação e contenção de despesa que não tem paralelo em nenhum outro organismo do Estado - os governos têm aumentado a tipologia das missões que as FAs são chamadas a cumprir tanto no interior do território nacional como no exterior.

E que, apesar de tudo, as FAs têm sido o maior sustentáculo de apoio à política externa do Estado Português, ao ter enviado cerca de 35000 homens e outros meios dos três Ramos das FAs para cerca de 35 teatros de operações diferentes, desde o Afeganistão a Timor, do Ruanda à Bósnia, nos últimos 25 anos; ao passo que também são responsáveis por centenas de acções de cooperação técnico - militar com todos os países de expressão portuguesa.

E de tudo isto os portugueses, em geral, têm apenas uma vaga ideia.

No entanto, quaisquer que fossem as queixas que as forças políticas, ou parte da população, pudessem ter contra as FAs, por erros que estas tenham cometido – as instituições como os países têm os seus altos e baixos – cedo se deveria ter constatado e assumido que a IM é fundamental ao País e assumir tal evidência. Uma evidência que tem 900 anos.

Ora não foi nada disto que se passou.

Sendo as FAs o braço executivo principal que originou a mudança de regime em 1974 – e sai fora do âmbito deste escrito analisar se o deviam ter feito ou não – e sendo até, muito elogiadas pelo conjunto das actuais forças políticas por tal feito – é mister realçar – cedo os responsáveis militares e político-militares de então, passaram o poder para as forças políticas emergentes em partidos, que passaram a governar segundo os votos expressos nas urnas. E cedo recolheram a quartéis. Não se manifestaram – também é lícito recordar – tentativas de ditadura militar, reserva de poder, actos de tirania, agressões sobre populações, etc.

Não se conhecem casos de corrupção, apropriação de riqueza ou escândalos de conezias ou favorecimentos de familiares, por parte de militares. Existe até um caso exemplar e único na contemporaneidade, o do General Eanes que recusou receber uma soma enorme de dinheiro que um decreto qualquer lhe conferia. Até este acto foi meio abafado na comunicação social, talvez por destoar do ambiente que malfadadamente se foi criando na sociedade…

O único caso de ilícito criminal – o caso das FP-25 – foi tratado pela polícia, resolvido pelos tribunais e amnistiado pela política.

Desde que os militares regressaram a quartéis, não podem ser acusados de interferirem na vida política da Nação e de não tentarem cumprir diligentemente todas as actividades que cabem no âmbito das suas missões.

Porém, a nível político-partidário sobretudo dos partidos que passaram a estar representados no Parlamento, passou a existir uma espécie de acordo tácito relativamente à diminuição do estatuto institucional e social das FAs e à sua importância relativa entre os órgãos do Estado e no concerto da Nação.

Isto encontra razões de âmbito político, doutrinário e de apreciação estratégica.

O Bloco de Esquerda fica com "erupções de pele" e outras manifestações do foro psicossomático só de ouvir a palavra "militar". São, pois, perfeitamente irresponsáveis nesta discussão e toda a gente percebe o que quero dizer com isto; o PS sobretudo a sua ala mais esquerdista, "odeia" tudo o que cheire a fardas e é manifestamente incompetente para lidar com autoridade, segurança e defesa. O CDS e PSD não têm ideias assentes sobre a IM, têm pensamento vário, no mais das vezes tecnocrata, mas uma coisa sabem: não estão interessados em subordinação das FAs, querem submeter de qualquer maneira, a "tropa". O PCP é o único partido que não hostiliza a IM. Sabe o que faz e sabe que as FAs são um poder fáctico.

Gosta destas FAs? Não gosta, pela simples razão que não as dominam nem formatam. Limitam-se a fazer o que manda a cartilha: infiltram-nas,

colhem informações e apostam em estruturas que possam constituir hierarquias paralelas, os sindicatos ou para - sindicatos.

Por outro lado, todos concordam que não pode haver um novo "Carmona"; a IM constitui, para eles, uma organização anacrónica, que não entendem, cheia de rituais e normas de que não suspeitam a razão nem a funcionalidade. Ainda por cima são uma coisa cara que consome recursos, recursos esses que podem ser "melhor" aplicados em actividades que rendam votos nas eleições, com que rechearam o calendário político e de que em cujo intervalo sobra muito pouco tempo para governar...

Meteram ainda na sua grossa carapaça craniana – apesar de gostarem de apelidar os militares de "quadrados" – que as guerras são coisas do passado e que sendo Portugal agora uma portentosa democracia, nós seriamos amigo de todos e todos seriam nossos amigos.

Ou seja, as ameaças teriam desaparecido.

E se, numa hipótese remota, surgisse alguma ameaça, lá estaria a NATO para nos defender, do mesmo modo que a CEE velaria pela nossa riqueza e bem-estar. Os pacifismos, individualismos, consumismos, hedonismos e outros "ismos", fizeram o resto.

Por fim, se nós estamos em organismos internacionalistas e caminhamos para a diluição do estado-nação português nesses mesmos internacionalismos, para que servem as FAs nacionais?

Tudo isto tem "baralhado", compreensivelmente (?!) as sucessivas chefias militares, com a consequente incapacidade de montarem "estratégias" para fazer face a todo este descalabro.

Face ao expendido, as chefias militares ensaiaram apenas, poucas modalidades de acção. A primeira das quais – e já abandonada há bastantes anos – era a teoria do facto consumado. Isto é, lançavam-se os programas de aquisição que se conseguissem e depois ia-se confrontar o poder político com a necessidade de mais dinheiro para os manter. Isto falhou redondamente porque o poder político sempre se esteve nas tintas para essas coisas, com a excepção de alguns itens de interesse ou visibilidade política.

A outra ideia, sempre presente, é a de "encaixar danos", o que tem revelado uma IM de uma plasticidade enorme.

Pelo meio de tudo isto vai-se jogando nas correcções que o tempo possa vir a fazer, na demora ou mudança de critérios, que as sucessivas remodelações governamentais possam ir provocando e alguma "Fé" em melhores dias. Convenhamos que foi e é, pouco e curto.

A quantidade já apreciável de documentação produzida de alerta e exposição de problemas fica, por norma, retida nas gavetas dos gabinetes e

nenhuma repercussão pública existe (nem para as tropas) já que esta documentação é reservada. Além disso como os documentos mais importantes não levam a chancela dos quatros chefes, o peso das posições pode ser mais facilmente ignorada. É o dividir para reinar... As limitações dos militares no activo em falarem publicamente fazem o resto.

Os políticos enredaram, também, as FAs numa teia legislativa que deixa pouca margem de manobra à hierarquia. De facto, para além das FAs terem perdido qualquer capacidade de influir na escolha das suas chefias, qualquer chefe militar pode ser "despedido" com uma simples assinatura, indo para casa com uma mão à frente e outra atrás. E nunca mais pode aspirar a ter qualquer outro cargo. Ora isto não se passa com mais nenhuma profissão no âmbito do Estado, conhecendo-se até o escândalo que representa a dança dos gestores públicos com muitas indemnizações à mistura. Daí andarmos a viver permanentemente no faz de conta do dia-a-dia, e no teatro de sombras institucional.

Todavia qualquer "estratégia" para ter sucesso carece de entendimento, coordenação e unidade de acção, por parte do Conselho de Chefes. Mas como, infelizmente, é público e notório tal entendimento raramente existe (apesar de tudo podia não haver entendimento mas haver unidade de acção...), e tal cobre todo o espectro de acção, ou seja vai desde a escolha da cor dos atacadores das botas à compra dos submarinos.

Note-se que estamos a falar de quatro cidadãos – não de 40 – de elevada competência e experiência, que leram pelos mesmos livros e foram formados em escolas idênticas. E como isto se passa assim desde há mais de 30 anos, temos que chegar à conclusão que estamos perante um problema genético. Só a inteligência pode combater a "genética", mas esta tem derrotado aquela por KO.

Finalmente um factor tem desestabilizado o sistema: o factor financeiro. Como as pessoas têm a memória curta, lembramos que o equilíbrio começou a ser posto em causa pelo fim da isenção do pagamento do imposto profissional – o que em termos militares não fazia qualquer sentido – sendo os militares ultrapassados pelas profissões de referência, considerados os pilares do Estado: juízes, catedráticos e embaixadores (já não falando em directores gerais e gestores públicos que passaram a ser feudos dos partidos).

Por altura dos mandatos do Professor Cavaco e Silva como PM, retiraram-se as chefias militares da escala indiciária da sua instituição e fizeram-na corresponder aos cargos políticos.

Ou seja separaram a cabeça do resto do corpo militar. Em simultâneo aumentaram substancialmente os generais e os brigadeiros, relativamente

aos oficiais superiores e restantes, o que aumentou o fosse entre postos e funções.

Finalmente há poucos anos, aumentou-se, com alguma exorbitância, o subsídio de representação de comandantes de unidade, generais e chefes dos Ramos, o que com a desculpa da diferenciação de responsabilidade – o que está certo – se visa, na prática, a subserviência no serviço.

Por último – e com esta termino – as chefias militares têm acalentado a ilusão de que os sucessivos detentores do poder político estão do mesmo lado da barricada do que eles. O que, manifestamente, não é verdade. Ora quando se vai para a luta, tem que se ter a noção exacta da Ordem de Batalha, amiga e inimiga. E tal não tem acontecido, pois ninguém quer assumir as consequências, ultrapassado que foi há muito a fase da ingenuidade e da incredulidade.

Toda esta situação já dura há demasiado tempo, mas não vai durar sempre. E, na falta da desejável harmonia, arrisca-se a partir para um lado ou para o outro. Não será bom para ninguém.

TEORIA DA DISSIDÊNCIA
Alberto Buela

Dedicado a Paul Piccone, in memoriam

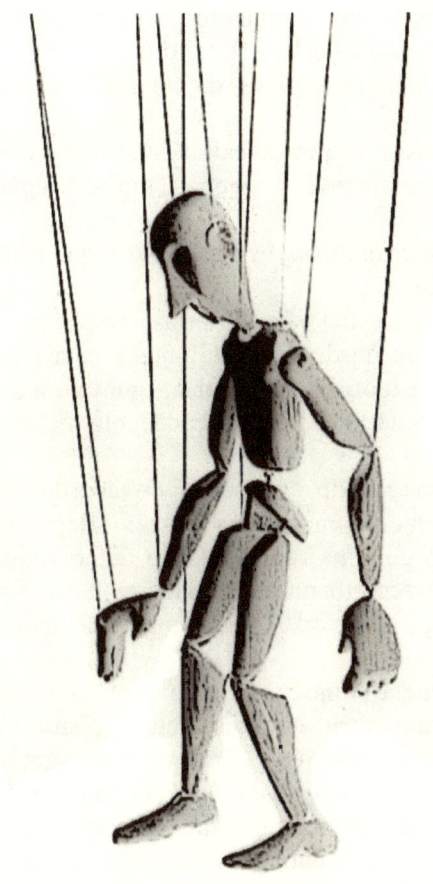

Um diálogo, isto é, através do *logos*, supõe que os dialogantes têm uma identidade, que não ocultam. E essa identidade tem que transparecer, porque senão com quem estou a falar? Com um agente oculto? A clarificação da identidade permite o respeito mútuo. De outro modo há ocultamento e simulação. Cada qual diz o que o outro quer escutar, mas quem fala não crê no que diz. Cada um pois, reserva-se, para além do alcance das suas palavras e incluso contrariando-as, o direito de agir como lhe convenha. Parece que dialogamos, mas na realidade estamos a afiar em segredo as armas, enquanto emitimos bons propósitos da boca para fora. Nesta época de comunicação constrangida e global, o diálogo é pura "treta" como diria o Zé Povinho.

"O dissidente não aspira a cargos oficiais
nem procura votos.
não trata de agradar ao público,
não oferece nem promete nada.
Se, contudo, se oferece, é para arriscar a pele"

Valclav Havel

Introdução

Este artigo não pretende reduzir o tema da dissidência à teoria do conflito ao estilo de Marx ou Engels, tema que deixamos ao marxismo e aos seus estudiosos, nem tão pouco abordá-lo a partir da polemologia, assunto que desde os anos 70 recebeu já um tratamento pormenorizado e quase definitivo por parte de Julien Freund e Gastón Bouthoul.

Trata-se antes de analisar a dissidência a partir da possibilidade da constituição de uma teoria crítica.

Sabemos que não é fácil, é necessário um trabalho interdisciplinar, embora haja alguns, poucos, pensadores (Cacciari, Siena, Dugin, Wagner de Reyna) a reflectir sobre o tema.

Este pequeno trabalho vem completar os *Ensayos de Disenso*, que serão em breve publicados na sua versão argentina.

Pretendemos, com as limitações que lhe são próprias, responder à Escola de Frankfurt, pois como se sabe desde há trinta anos a esta parte impôs-se nas democracias ocidentais a teoria do consenso, que tem a sua origem ideológica na dita escola neomarxista, encabeçada pelo filósofo Jüngen Habermas.

O resultado disto foi a transformação do "consenso ou acordo dos grandes partidos políticos" no fundamento moral das nossas minguadas democracias. Substituindo-se assim à genuína representação democrática, transformando o sufrágio universal e secreto numa verdadeira farsa. Isto porque justifica *a posteriori* as decisões já tomadas de antemão pelo acordo dos grandes partidos.

A nossa proposta sobre a dissidência como verdadeira causa - agente da teoria crítica pós moderna, intenta abrir espaços, fendas, para um verdadeiro pluralismo social no seio de um sistema democrático meramente procedimental e por conseguinte esvaziado de conteúdo.

Ao consenso dos grandes partidos deveremos agregar os multíplices e variados " fóruns de concertação social" patrocinados pelos grandes lobbies e instituições da sociedade civil, para que mudando alguma coisa, tudo fique na mesma.

Este trabalho encerra um périplo de vinte anos sobre a reflexão e prática da dissidência, começado por volta de 1984 com uma conferência conjunta no Palácio dos Congressos de Versalhes, com os pensadores Julien Freund, Alain de Benoist, Guillaume Faye y Pierre Vial, intitulada *L'Amérique hispanique contre l'Occident*, e desde logo experimentada, durante um lustro (1994-1999), através da revista metapolítica *Disenso*, chegando agora à sua conclusão neste ensaio.

A Última
Cultura
Finis
Mundi

A nossa tese é a de que somente a dissidência, sobretudo em sociedades dependentes como a nossa, permite a criação de *teoria crítica*, tanto nas ciências sociais como em filosofia. Hoje em dia, a mediocridade de ambas as disciplinas radica na incapacidade de pensar criticamente. Ou por outras palavras, assim se explica a vigência de um *pensamento único,* o qual tem a sua projecção política no *politicamente correcto*, seja através do progressismo social-democrata, seja do liberalismo conservador. São estes os dois braços da tenaz político-ideológica que aprisiona o mundo no começo deste século XXI.

Natureza da dissidência

A chave etimológica que nos permite aceder ao termo dissidência é a seguinte: provém do verbo latino *dissero: examinar, discutir uma matéria,* o qual se transforma no substantivo *dissensus* que significa *outro sentido.*

O sufixo *dis*, que provém do advérbio grego $\delta \iota \varsigma$ e que em latim foi traduzido por *bis = (duas vezes)*, significa oposição, enfrentamento, contrário, outra coisa. Assim temos por exemplo os vocábulos disputar, que originalmente significa pensar de forma distinta, e desprazer que equivale a desagrado, o disjuntivo que é o não estar junto, estar separado.

Dissidência significa, antes de mais, outro sentido, divergência, parecer contrário, desacordo.

Existe muito pouca literatura acerca da dissidência[16]e a pouca que existe, provém do pensamento institucionalmente aceite, o qual caracteriza duplamente a dissidência:

a) De forma pejorativa: *"A dissidência é negativa porque se radica sempre num prévio consenso".*

b) Como estando vinculada às minorias: *"Uma das características de toda a minoria é uma atitude de dissidência".*

É óbvio que não compartilhamos de todo desta classificação preconceituosa e parcial da dissidência. Uma vez que dissentir não é somente negar um consenso, antes e sobretudo, o que se pretende é conferir um sentido diverso ao que actualmente possuem as coisas e as acções dos homens e do mundo que nos rodeia.

---

[16]Cfr.Os trabalhos de Javier Muguerza: *Etica, disenso y derechos humanos,* Bs.As. 2002 e Ernesto Garzón Valdés: *El consenso democrático in* Cuadernos electrónicos de filosofia N°0.

A Última
Cultura
Finis
Mundi

Dissentir é uma atitude livre, pessoal ou colectiva, de objectar ao que nos é proposto. Psicologicamente é a primeira atitude do homem, ao reconhecer-se como *outro*, distinto do pai, a fim de se converter em adulto. A dissidência enriquece a obra humana e consolida uma sociedade plural, ao mesmo tempo que invalida qualquer intento homogeneizador ou totalitário.

Muitos vinculam a dissidência à discrepância entendida como a negação do consentimento a algo ou alguém. Pelo contrário, para nós a dissidência não se esgota na afirmação daquilo que se não quer (na negação) logrando, pelo contrário, a sua plenitude no pensamento (teoria alternativa) e na atitude (prática) não conformista face ao proposto. É esta a origem do pensamento e da conduta alternativa à ordem ou à normalidade constituída.

É que o consenso, e já o experimentámos *ad nauseam*, apesar da opinião dos progressistas ilustrados, não pode servir como fundamento da legitimidade política da democracia porque este é sempre o resultado de um acordo entre as partes com poder na sociedade, (racionalidade estratégica, que responde à pergunta de Lenine: que fazer?) o que pode conduzir, e de facto assim ocorreu muitíssimas vezes na história mundial, a resultados aberrantes.

A contrario sensu, surge então a dissidência na sua função ético-política por antonomásia, como origem da legitimidade politica da democracia pluralista e participativa, e já não de uma democracia consensualista, de pactos ou lojas, a qual se caracteriza pela tomada de decisões antes da deliberação. Isto é, transformam a deliberação das partes num simulacro *para inglês ver*.

"Em toda a dissidência, afirma o filósofo Wagner de Reyna, *há um enfrentamento, uma contradição insolúvel, que a transforma no contrário da dialéctica, a qual antecipa a síntese que vislumbra, indulgente e ansiosamente no horizonte... Por detrás do conteúdo ideológico da dissidência há sempre uma necessidade, axiologicamente fundada na incorruptibilidade, de fazer triunfar a verdade. Nada lhe é mais alheio do que o cacarejar, a conversa vã, o discutir por discutir, a jovial disposição para um compromisso que não compromete ninguém. Isto nada mais é do que o tão celebrado consenso*[17]

A dialéctica tanto em Hegel como em Marx é um produto da modernidade, na sua base encontramos a velha ideia de progresso do Abade Saint-Pierre. Expressando-nos filosoficamente a estrutura da *aufhebung sein*, é uma sublimação que conserva tendo em vista a superação e não a lhaneza

---

[17]Wagner de Reyna, A.: Prólogo *a Ensayos de disenso,* Barcelona, Ed. Nueva República, 1999, p.5.

intelectual a que nos acostumaram os manuais de filosofia, explicando-a pela sucessão da tese, antítese e síntese, conceitos estes que Hegel jamais utilizou.

No que respeita à sua qualidade ética, a dissidência não depende só da negação, antes depende, e de sobremaneira, do conteúdo da proposta realizada pelo dissidente ou não - conformista. A título de exemplo: os cidadãos norte-americanos discordam do envio de tropas para o Iraque, mas como os cidadãos do nosso figurino não possuem uma proposta alternativa ficam-se pela negação, assim sendo a sua atitude enquadra-se melhor naquilo que seria uma oposição ou rebelião do que numa dissidência.

Isto é importantíssimo para compreender o porquê da crítica de esquerda à teoria da dissidência, no sentido em que esta não tem em conta a dialéctica, ou pior ainda, afirmando que é contrária à dialéctica porque se fica pela *negação* e não passa à *negação* da *negação*, núcleo e sentido do método dialéctico.

A dissidência para esta reduz-se a uma infinidade de sucessões dicotómicas de negação nas quais não está pensada a superação das mesmas sequências. Contudo repetimos que a

dissidência não se esgota na negação, antes exige, t*al como a propugnamos e entendemos*, a criação de *outro sentido*, oposto ao do *status quo* reinante ou vigente, para uma dada realidade.

Na dissidência a superação da negação não se dá como no receituário marxista, em que as próprias leis do movimento do mundo real se expressam através da dialéctica, mas sim porque o dissidente quando dissente *arrisca a pele*, segundo a citação de Havel. A superação da negação é existencial.

Quando dissentimos é porque *de facto* já estamos implantados noutra realidade distinta da vigente. A dissidência não se esgota como batalha ideológico-cultural, antes, ao nascer de um pensamento contextualizado exige tanto uma prática política como uma prática pessoal.

Definitivamente, a qualidade moral do consenso como da dissidência não deriva do acto de consentir ou dissentir, erro do progressismo ilustrado para quem o consenso é bom e a dissensão má, mas sim do assunto a que se aplicam estes actos.

Dissidência, transgressão e rebelião

Confundem-se muitas vezes estas três noções, seja pela sua proximidade, seja por interesse.

A transgressão produz-se, de forma geral, sobre normas, pautas ou leis já estabelecidas e de uso regular que o transgressor não respeita ou viola. Fá-lo explicitamente, como acto voluntário, não por indolência ou abandono. Veja-se o hábito juvenil de conduzir em contramão por ruas e avenidas.

A transgressão incide sobre pequenas infracções e delitos menores. É nos grupos marginais de adolescentes que se recrutam a maior quantidade de transgressores. Para mais tal não perdura no tempo; é epocal e pressupõe um *quantum* de imaturidade psicológica. Outro dos seus traços é o seu carácter urbano ou assaloiado.

Pelo contrário o rebelde é, em geral, " o emboscado", como sagazmente o designou Ernst Jünger no *Tratado do Rebelde (1951)*: *"O emboscado (Waldgänger) manifesta duas qualidades. Não consente que nenhum poder superior lhe prescreva cânones, nem pela propaganda nem pela força[18]"*. A figura emblemática do rebelde é Robin Hood. O refúgio na floresta é uma nova resposta libertária, face à liberdade que a tirania domesticou. O rebelde questiona o sistema mas circunscreve-se à sua acção pessoal. Carece de um projecto de nação. A rebelião é sempre de poucos, porque poucos são os autênticos rebeldes, porque poucos podem embrenhar-se no bosque como *locus* da liberdade e aí viver.

Ao classificarmos a dissidência pejorativamente, tal como o faz o pensamento politicamente correcto, equiparamo-lo à transgressão e à rebelião por aquilo que estas duas atitudes têm de negativo face à ordem constituída. Mas a dissidência, como já tivemos oportunidade de observar, vai para além da negação de uma realidade com a qual não se comunga.

A dissidência é propor, como a sua etimologia indica, um *sentido diverso*, um sentido diferente daquele que, actualmente, as coisas e as acções dos homens sobre elas possuem. A dissidência exige um projecto distinto do vigente para não se ficar pela transgressão ou pela rebelião; remetendo-se meramente à negação. E este seu sentido mais profundo é o que a torna perigosa para os comensais do sistema: permite criar teoria crítica sobre o homem, o mundo e os problemas que o rodeiam. Qualidade que nem a transgressão nem a rebelião possuem.

---

[18]Jünger, Ernst: *Tratado del rebelde,* Buenos Aires, Sur, 1963, p.51.

A dissidência como método

Devemos lograr uma interpretação genuína do que nos acontece e sucede, não filtrada por uma ideologia particular. Tal só pode ser alcançado através da *dissidência como método*, sobretudo dado o nosso carácter de dependência ecúmena, ibero-americana, na produção de sentido para o que sucede no mundo.

O ilustre filósofo escocês Alasdair MacIntayre enuncia acertadamente o seguinte: *"Um dos traços que mais salta à vista nos ordenamentos políticos modernos é a sua carência de foros institucionalizados dentro dos quais os conflitos e desacordos sociais possam ser investigados de forma sistemática, bem como a ausência de qualquer intento para os resolver. Frequentemente os próprios factos do desacordo passam despercebidos, camuflados por uma retórica de consenso[19]".*

O que podemos desde logo deduzir deste parágrafo prenhe de significado é a denúncia das "sedes de concertação social", o mecanismo tão peculiar dos regimes social-democratas que, em vez de tomarem como ponto de partida o dissenso, aceitando a existência do conflito na sociedade, se reportam, por uma questão de princípios, ao consenso, com o que não só põem o carro à frente dos bois como também logram *"disfarçar o conflito com a retórica do consenso"*, segundo a citação. Para mais, evidenciando o outro traço típico do progressismo, os problemas sociais são ordenados mas não resolvidos. Perante *"a ausência de qualquer intento para os resolver"* (sic) espera-se que uma espécie de força das coisas os vá solucionando.

Nessa mesma senda o filósofo italiano Massimo Cacciari é ainda mais contundente quando afirma: *"o político moderno, apoiado na ideia de pax apparens, sente-se compelido a organizar o conflito, a receber as demandas, mas não a solucioná-las[20]".*

Em segundo lugar, podemos deduzir deste a recuperação da ideia de dissenso como instrumento metodológico na criação de teoria crítica nas sociedades hodiernas. O pensamento não - conformista, que pretende ser crítico, está obrigado, não a negar a existência, o que seria estultícia, mas sim a *negar a vigência* das metacategorias de dominação - pensamento politicamente correcto, único, homogeneização cultural, globalização, igualitarismo, dessacralização, etc. - para propor outras diferentes, distintas, diversas.

---

[19]MacIntyre, Alasdair: *Justicia y racionalidad práctica,* Barcelona, Eiunsa, 1994, p.20.

[20] Cacciari, Massimo: *Drama y duelo,* Madrid, Tecnos, p. 63.

Todo o método é um caminho para chegar a algum lado. O dissenso como método já não assume como ponto de partida a descrição do fenómeno a partir da fenomenologia, mas fá-lo, isso sim, através da "preferência própria". Partimos de um acto valorativo, enquanto rotundo desmentido da neutralidade metodológica, que é a primeira grande falsidade do objectivismo científico, seja aquele que é proposto pelo materialismo dialéctico seja o do cientismo tecnocrático. Rompe com o *progressismo* marxista para o qual toda a negação transporta no seu seio uma superação progressiva e constante. Pelo contrário a dissensão não é omnisciente, pode afirmar "não sei", e desta forma, assumindo-se como sendo o método do pensamento popular, pode negar a vigência de algo sem ter necessidade de negar a sua existência.

A preferência realiza-se a partir de uma dada situação, num *locus*, histórico, político, *económico*, cultural. No nosso caso na América do Sul ou Pátria Grande. Isto reclama ou exige um pensamento recentrado ao dissenso, como acertadamente o enunciou a filosofia popular da libertação com Kusch, Casalle *et alii*, contrariamente à filosofia marxista da libertação (Dussel, Cerutti e outros) que é um ramo europeu transplantado na América.

Tem como petição de princípio o *hic Rhodus, hic saltus* (Eis Rodes, bailai pois aqui)[21] de Hegel no começo do seu *Filosofia do Direito*. Somente a partir de um lugar determinado se pode esboçar genuinamente o dissenso, porque enunciá-lo sob o ponto de vista de uma "universalidade abstracta": por exemplo a humanidade, os direitos humanos, a igualdade, etc. etc. torna-o merecedor da crítica desconfiada da esquerda em geral, que vê no dissenso um perigoso desvio reaccionário - populista.

Uma vez anunciado quem somos, que perspectiva utilizamos para enunciar as questões e qual o nosso entorno, quer isto dizer a partir do

---

[21] N. do T. - A frase apresenta um triplo sentido. Se recorrêssemos a uma tradução literal do dito pertencente à obra de Esopo *O Fanfarrão*, o resultado seria " Eis Rodes, saltai", aludindo ao atleta remisso que afirmando possuir testemunhas de ter dado um salto enorme nessa localidade se viu convidado pelos presentes a repetir o suposto feito ali mesmo, fazendo coincidir palavras e actos. Contudo a menção a Hegel leva-nos a outro nível. De facto a citação mais famosa do sentido particular que este teria dado ao aforismo é-nos revelada, não pelo próprio, mas, mediatamente, por Marx. No seu *O 18 de Brumário de Luís Bonaparte*, censura-lhe o jogo de palavras "Hier ist die Rose, hier tanze" (a rosa está aqui, dançai), que corresponde a Rhodus-rhodon (Rodi-rosa) y saltus - salta (salto e ou dança). Por sua vez Hegel estaria a utilizar o aforismo original como veículo para parafrasear Lutero, no seu *Filosofia do Direito* afirma que "A Filosofia é a Rosa na Cruz do Presente", aludindo ao conceito luterano de Cristo enquanto rosa da conciliação na História perspectivada através do drama da cruz, evocadora da distância entre a imanência e a transcendência. O autor do ensaio, por sua vez, ao optar pelo binómio Rodes - dança parece adoptar uma perspectiva voluntarista, exactamente o oposto de "bailar ao som da música" neste caso imposta e alheia. Face ao aqui e agora, ter-se-á que dançar, importará pois agir, mas sendo agente de *moto próprio*.

momento em que delineamos as diferenças, podemos, desde logo, passar à segunda etapa ou etapa resolutiva. Em primeiro lugar deparamo-nos com a questão de qual seja o sentido dos entes e dos existentes. A relação homem - mundo. Isto leva-nos a um segundo momento, o da dissensão propriamente dita com os relatos e sentidos que como pensamento único nos são transmitidos por outros, homens e interesses, que não são *nem os nossos nem nós*, para finalizarmos, num terceiro momento, procedendo à construção de um relato genuíno, seja filosófico, político, religioso, cultural, científico ou tecnológico.

Os passos da dissensão como método, didacticamente expostos são:

Primeira etapa: o método como propedêutica.
1. Preferência por nós (partimos de um acto valorativo).
2. *Genius loci* (donde).
3.As tradições nacionais dos nossos povos (as tradições vivas, não as mortas).

Segunda etapa: A projecção do método rumo ao homem, ao mundo e seus problemas, segundo os ensinamentos do Professor Miguel Angel Virasoro (1900-1967), o metafísico argentino por excelência.
1. A questão do eu e dos outros (homem - mundo).
2. A dissensão (os problemas).
3. A superação do dissenso: buscando a construção do nosso próprio relato.

O dissenso como pensamento popular

Tenha-se em conta que um pensamento não-conformista embora não negando a existência daquilo que realmente existe, constituindo-se assim como realismo crítico, deve, para afirmar-se, negar a vigência, a pretensão de universalidade de ditas categorias. É neste ponto que o não-conformismo se acerca do pensamento popular, que sabe, antes de mais, o que não quer, dado que a negação neste se processa através da recusa da vigência das coisas que o afectam negativamente. Daremos um exemplo, ainda que estes sejam sempre mancos, a globalização existe sem dúvida alguma; o pensamento popular não nega a sua existência, contudo como esta não entra dentro dos seus interesses, o que nega é a sua vigência, e continua a viver à sua maneira, como pode ou conforme o deixam. É sabido que apenas a vigência das coisas e das ideias, para lá da sua mera existência, afecta a vida dos homens e dos povos. A ideia de vigência está

vinculada à de vigor e aqui significa aquilo que vigora e constrange o homem ao seu acatamento. Vigente é aquilo que o implica.

Hoje em dia situar-se à esquerda ou à direita é não situar-se, é colocar-se num não-lugar, sobretudo para o pensador *(rejeitamos liminarmente o termo intelectual)* que pretenda elaborar um pensamento crítico. Ora o único método que actualmente pode criar pensamento crítico é o dissenso. Dissensão não só com o pensamento único e politicamente correcto como também e sobretudo com a ordem instituída, com o *status quo* vigente e esta última exige a prática existencial da dissidência. Neste particular a dissensão vincula-se politicamente *à resistência ao regime vigente*, e no âmbito pessoal à virtude da fortaleza, a qual segundo os velhos filósofos, se define mais pelo *sustinere (suportar, resistir)* do que pelo *agredere (agredir, golpear)*.

O dissenso é estruturalmente uma categoria do pensamento popular, enquanto o consenso, como vimos, é uma apropriação da esquerda progressista, historicamente distante do popular, que visa lograr a democracia deliberativa, com o seu muito de ilustrada, sendo também, ainda que noutro sentido, património do liberalismo, enquanto concordância dos que decidem, dos poderosos (G8, Davos, FMI, Comissão Trilateral, Bilderbergers, etc.).

O dissenso que se manifesta como negação tem um sentido distinto no pensamento popular e no erudito. Neste último, regido pela lógica da afirmação, a negação nega a existência de algo ou alguém, enquanto *no pensamento popular o que se nega não é a existência de algo ou alguém, mas sim a sua vigência entendida como validade, como sentido*[22]. A dissensão nega o monopólio da produção de sentido aos grupos ou lobbies de poder, a fim de a reservar para o povo no seu conjunto, muito para além da partidocracia política.

Hoje em dia a alternativa situa-se para lá da esquerda e da direita. Consiste em pensar a partir das raízes, do nosso *genius loci,* como diria Virgílio. E não de umas quaisquer raízes, mas a partir das identidades e tradições nacionais, que conformam as ecúmenas culturais ou regiões que constituem actualmente o mundo. Com isto vamos, inclusive, para além da ideia de Estado-Nação, em vias de esgotamento, para mergulharmos na ideia, política, de grande espaço, de Pátria Grande, e cultural de ecúmena.

É baseado nestas grandes regiões que o planeamento do combate à globalização, ou mais especificamente à norte-americanização do mundo se torna lícito e eficaz. Intentá-lo como pretende o progressismo a partir do

---

[22] Kusch, Rodolfo: *La negación en el pensamiento popular,* Buenos Aires, Cimarrón, 1975. Especialmente o capítulo 6: El juego y la negación.

humanismo internacional dos direitos humanos, ou do ecumenismo religioso como ingenuamente pretendem alguns cristãos, é assentá-lo em mais um universalismo. Com a agravante que o seu conteúdo encerra um aspecto louvável, a fraternidade universal, mas fútil, inverosímil e ineficaz na hora do combate político.

Contudo este enfrentamento está de facto a processar-se, não obstante o falhanço dos pensadores em conceptualizá-lo, até à data, através do surgimento dos diferentes populismos, que apesar dos reparos que suscitam a qualquer espírito crítico, estão a mudar as categorias de leitura. Assim, a oposição entre burgueses e proletários da esquerda classista esta a ser substituída pela do povo versus oligarquias, porque o pensamento popular não pensa a sociedade a partir da lógica de classes, a sua principal antítese é constituída, isso sim, pelo povo versus anti-povo ou oligarquias sobretudo financeiras, as categorias de esquerda e direita vão sendo substituídas pelas de justiça e segurança. Desta forma os governos de esquerda exaltam a da justiça e os de direita privilegiam a da segurança.

Enquanto do ponto de vista da esquerda progressista, a critica à globalização se limita a reclamar que os benefícios económicos desta não fiquem circunscritos a alguns, poucos, mas que se expandam a toda a humanidade, os movimentos populares têm vindo a gerar centenas de respostas alternativas ao "mundo único", por exemplo: o banco dos pobres, a multiplicação de cooperativas, a administração de fábricas abandonadas pelos seus proprietários, os mini-empreendimentos, etc. etc.

A esquerda, por causa do seu carácter internacionalista não pode denunciar o efeito do desenraizamento nas culturas tradicionais, nem tão-pouco nas identidades dos povos, porque não crêem nestas, uma vez que segundo os seus princípios ideológicos os proletários e os burgueses são iguais em quaisquer que sejam as latitudes. A sua denúncia transforma-se assim numa mera reivindicação formal, para que a globalização vá a par com os direitos humanos e a distribuição da riqueza.

É a partir dos movimentos populares que se realiza a oposição real às oligarquias transnacionais. No seio das tradições nacionais dos povos é onde melhor transparece a oposição à sociedade global sem raízes, a esse imperialismo desterritorializado de que falam ideólogos progressistas como Hardt e Negri.

Desde logo, através do elogio do dissenso, da atitude não-conformista, rechaçamos a imposição de um pensamento único e de uma sociedade uniforme, denunciando a globalização como um mal em si mesmo.

É que o pensamento popular, quando genuíno, pensa a partir das suas próprias raízes, não possui um saber livresco ou ilustrado. Pensa a partir de

uma tradição, que é a única forma de pensar genuinamente, segundo Alasdair MacIntayre, dado que em definitivo, *"uma tradição viva é um debate historicamente desenvolvido e socialmente encarnado"*[23].

Deste modo resulta ser impossível, aos povos e homens que os encarnam, situarem-se fora da sua tradição. Quando o fazem desnaturam-se, deixam de ser o que eram. São já outra coisa.

Consenso versus Dissenso

Desde o ponto de vista lógico ambos são termos relativos um ao outro, tal como pai o é de filho ou alto de baixo, o dissenso é sempre engendrado por um consenso e este último baseia-se originalmente numa dissensão, mas na prática quotidiana, seja política ou pessoal, o consenso apresenta-se como um acordo entre as partes para lograr uma finalidade comum e a dissensão como sendo a pretensão de lhe outorgar outro sentido, não tanto enquanto negação do acordo, mas sim um sentido diferente, distinto, alternativo, não-conformista ao real, àquilo com que nos deparamos.

Outra diferença é que a ideia de dissenso se encontrava, pelo menos até há alguns anos atrás, desacreditada teoricamente, uma vez que a ideia de consenso foi e continua a estar afiançada e reforçada pelos professores das nossas universidades, academias e pela massa dos jornalistas semi-cultos, os novos intelectuais que constituem a pátria locutora e que a adoptaram como ideologia indiscutível e inquestionável.

O texto que até hoje mais os influenciou a todos é o *Teoria da Comunicação* de Jürgen Habermas e os complementares *Direito e democracia*, e *Facticidade e Validez.*

Para este autor, derradeiro porta-voz da escola neomarxista de Frankfurt (Apel, Adorno, Cohen, Marcuse) agora convertido à social-democracia, a complexidade social e as crescentes desigualdades constituem, nos dias de hoje, os maiores reptos à democracia, sendo que tais desafios só podem ser superados criando novos fóruns e assembleias onde os cidadãos deliberem e discutam conjuntamente. Assim com esta "democracia discursiva" chegaremos ao consenso democrático que permitirá a resolução dos problemas. Deste modo, *"nos dias que correm o consenso é a norma adequada para a criação de teoria crítica"*, segundo a expressão do seu discípulo James Bohman.

Esta concepção mostra-se assim herdeira directa dos clubes da

---

[23] MacIntyre, Aladair: *Tras la virtud,* Barcelona. Crítica, 1987, p.274.

Revolução Francesa, e estes - coração do Jacobinismo – por definição não pensavam mas falavam. A ideologia, observa François Furet, historiador dissidente da historiografia oficial francesa, não é pensada, porque dessa forma incorreria no risco da crítica, é antes, toda ela, conversada mediante os seus intérpretes como verdade socializada, através do assembleísmo, expressando-se na religião do consenso.[24]

Claro está que nem uma palavra sequer acerca de quem detêm o poder. Como na película de Marcelo Mastroiani *Disso não se Fala.*

O facto de não se ocuparem do poder, limitando os temas à engenharia política ou a assuntos culturais acaba por, desde logo, explicar a percepção dos centros académicos mais reputados de que "isto já deu o que tinha a dar", tendo-se vindo a substituir sociologia, enquanto hermenêutica social, pela politologia como hermenêutica do poder.

Assim o pensamento consensual, pela boca dos gurus de turno, afirma-nos que a crise de representatividade política radica na corrupção dos políticos, propondo múltiplos mecanismos para os purificar: eliminação do voto em lista[25], não repetição dos mandatos, declarações ajuramentadas de bens, etc. etc., mecanismos que não são, em si, maus, mas que não chegam ao cerne profundo do problema, pois são pensados a partir de um pensamento não crítico, do pensamento conformista.

Pelo contrário pensar a partir do dissenso implica caracterizar a crise de representatividade política não como uma falha dos meios usados na sua construção, o que não é de todo falso embora seja insuficiente para a especificar, mas como estando em jogo a anulação da política uma vez que se extinguiu o princípio da soberania das nações.

A mutilação da ideia de soberania nacional, levando ao arquivamento do princípio segundo o qual nada há acima da nação a não ser esta mesma, anulou toda a política nacional autónoma. De que nos serve, hipoteticamente, eleger os melhores, aperfeiçoando os mecanismos de representação, se as decisões políticas são tomadas a partir dos centros

---

[24] Furet, François: *Pensar la Revolución Francesa,* Barcelona, Petrel, 1980, p.226. Especialmente o capítulo Agustín Cochin: La teoría del jacobinismo.

[25]N. do T. – No original "listas sábanas".Forma de regra de sufrágio segundo a qual nas eleições proporcionais (para deputados e vereadores) o eleitor não vota num candidato, mas numa lista, proposta pelo partido político. De acordo com o quociente eleitoral, calcula-se quantos candidatos aquela lista poderá eleger, e estes serão eleitos, não na ordem em que forem votados, mas na ordem em que foram propostos na lista. É contra o excessivo número de candidatos deste tipo de listas, que não permite quase nenhuma individualização dos candidatos e beneficia o chamado efeito de arrasto - o cidadão ao votar por um partido por quem tem simpatia ou num cabeça-de-lista, está na realidade a potenciar a eleição de um sem-número de candidatos, que não conhece, a mais das vezes desqualificados para os cargos aos quais concorrem. - que as tentativas de reforma se dirigem. Para se ter uma ideia da sua extensão diremos que se traduzíssemos a expressão à letra teríamos algo como lista-lençol.

mundiais de produção de sentido que nos são alheios?

É interessante observar que o pensamento consensual ao não ser crítico, ainda que se apresente como tal, adopta a *vanguarda* como método, esta atitude resume-se na seguinte frase: *"se não somos profundos, ao menos não sejamos antiquados"*, a qual se traduz na bajulação dos seus e no silêncio para os que não pensam da mesma maneira.

O pensamento dissidente deve efectuar um duplo esforço, primeiramente intentar ser aceite como pensamento *strictu sensu* pela *opinião publicada*, que como já dissemos faz parte do pensamento consensual, em segundo lugar proceder à elaboração de teoria crítica e não simplesmente de uma *teoria de demonização*: por um lado os bons e por outro os maus. A realidade político-social é cada vez mais complexa e o dissenso tem que reflectir, nas suas respostas e propostas, a complexidade desta.

Tendo em conta a nossa actualidade é viável resgatar a função ético-moral do dissenso, a qual consiste aqui em expressar a opinião da minoria, dos diferentes, perante o discurso homogeneizador da ética discursiva ou comunicativa que só outorga valor moral ao consenso.

Este pensamento consensual - discursivo e ilustrado – apresenta-se, nesta sua primeira qualidade, como um novo nominalismo, dirimindo as diferenças com palavras e não através da preferência ou postergação de valores, como o faz o dissenso.

Enquanto ilustrado, este só permite a crítica daqueles pensamentos, os chamados politicamente incorrectos, ou situações sociais que não encarnem os ideais ilustrados de igualdade e democracia. Desta forma a crítica nunca é dirigida aos modelos sociais-democratas, mas antes aos que decididamente não o são, como é o caso, hoje em dia, na Ibero-América, de Castro ou Chávez, não fazendo acepção de pessoas.

O dissenso como prática

O papel dos dissidentes na prática do dissenso foi o de motor do desenvolvimento da emancipação social a partir do século XVIII, bem como da formulação dos direitos do trabalhador no século XX.

O importante na prática do dissenso não é a negação mas o que se nega, uma vez que esta negação implica um compromisso existencial por parte do dissidente.

Não existe qualquer razão, salvo a da conveniência pessoal, para que o homem em sociedade renuncie às suas ideias a fim de as assimilar às dos restantes. Nada nem ninguém nos pode obrigar a renunciar às nossas ideias,

só para que estas se assemelhem às do resto dos nossos concidadãos.

A teoria do consenso levada à prática de há uns trinta anos a esta parte, através do acordo dos grandes partidos políticos, apresentada como sendo o que de melhor pode acontecer às nossas sociedades, saldou-se por um estrondoso fracasso. Atente-se para o exemplo do consenso na Venezuela entre a democracia cristã e os sociais-democratas ou em Espanha entre o PP e os socialistas.[26]

O resultado dos diferentes consensos foi aquele que o neoliberalismo conservador lhes impôs, tendo como consequências: maiores injustiças, insegurança, desemprego, pobreza, marginalidade, menos educação, saúde, qualidade de vida.

Até mesmo um pensador liberal da estatura de um Norberto Bobbio, num dos seus últimos trabalhos, se dá conta das limitações do consenso quando afirma: *"o dissenso é uma necessidade da democracia, pois é este que pode levar à implementação das promessas não cumpridas desta"*[27]. Assim ao caracterizar o dissenso não só como possível mas como necessário à democracia, Bobbio apercebe-se que a dissensão não se limita a ser mais uma regra do jogo da ordem democrática, mas que cumpre a função positiva de abrir espaços onde se possa manifestar o verdadeiro pluralismo social.

Nos dias de hoje, permite-se o dissenso pelo dissenso às massas desocupadas, expresso através da violência pela violência em si, mas sempre acantonada, localizada. O poder político pretende transformar o dissenso em mera transgressão.

Claro está que o consenso, aquele *status questionis* que deveria resultar do dissenso, já foi estabelecido de antemão, pelos poderes indirectos ou pelos lobbies alheios aos interesses dos povos e verdadeiros manipuladores dos nossos minguados Estados nacionais, carentes de soberania.

Isto é o que denominamos "falso diálogo", ou seja, um diálogo que começa com o consenso como petição de princípio, ocultando, tão-somente, desde logo as diferenças das partes e dos intérpretes. Esta dissimulação, esta paródia, fez malograr as melhores iniciativas, porque

---

[26]A historia argentina apresenta um claro exemplo sobre a teoria do consenso quando em 1891 houve um acordo entre Mitre e Roca tendo em vista as eleições para a sucessão presidencial. Este pressupunha que o Partido Autonomista Nacional (PAN), no governo, e a oposição, União Cívica, concorressem às eleições numa lista única de candidatos que evitasse a disputa eleitoral. A política do acordo consistiu em actos tendentes a suprimir esta e na distribuição dos cargos antes de as eleições terem lugar.
A oposição ao acordo por parte de Leandro Alem, provocou a divisão da União Cívica e a criação da União Cívica Radical (UCR), *"que se quebre mas que não se dobre"* foi o legado de Alem, antes de se suicidar em 1896.

[27]Bobbio, Norberto: *Futuro de la democracia,* México-Bs.As, FCE. p. 49

partiu sempre, devido a razões ideológicas da "paródia do outro, ou do outro como um igual", ignorando que a única igualdade possível, num diálogo franco e aberto, é a diferença. E esta manifesta-se sempre e à partida no dissenso.

O consenso está estritamente vinculado à ideia de tolerância liberal, introdutória do conceito de dissimulação, de simulacro em política, pois a tolerância actual outra coisa não é que *a dissimulada demora na negação do outro*. Agimos "como se" respeitássemos o outro, quando na realidade estamos a dissimular a sua negação. Esta ideia de dissimulação, de simulacro encerra a quintessência da noção de ideologia como conjunto de ideias que mascara a vontade de poder de um grupo, classe ou sector. Vemos assim como a ideia de consenso não é neutra mas sim ideológica.

Na América indoibérica efectuamos a prática do dissenso a sós, observamo-nos solitariamente, estamos de facto fora da ordem mundial "una", o que transforma a nossa acção e pensamento num quebrantamento da ordem estabelecida e a nós, todos os dissidentes, em marginais, que devem ser formatados segundo o modelo *one world* ou expulsos da humanidade.

Pensar e actuar a partir do meio-ambiente hispano-crioulo é pensar a partir do dissenso no que respeita ao pensamento único e politicamente correcto que sustenta esta nova ordem mundial, de que formam parte, também, as teorias do indígenismo tão em voga na Nossa América.

E pensar a partir do dissenso é dar réplica, contradizendo, aos apoiantes conformistas da teoria do consenso, que querem, como novos nominalistas, moldar a realidade com *nomines*, com palavras, com conversação. (Cfr. *A ideia de democracia deliberativa de Habermas, Cohen e Bohman, segundo a qual os "desafios modernos podem ser superados inventando novos fóruns nos quais os cidadãos deliberem juntos e digam de sua justiça")*.

Já título pessoal a dissidência prática passa necessariamente pelo exercício quotidiano da virtude. Não aquela efectuada de forma burocrática, mas antes de maneira generosa e sacrificada. Romper diariamente com as solicitações do sistema e do meio-ambiente é uma forma de ascese. Heidegger disse a propósito, falando de como libertar-se da técnica " *é-nos dado usar os objectos da técnica, contudo podemos também pô-los de parte, desembaraçando-nos (loslassen) e adquirindo serenidade (Gelassenhait) para com as coisas"*[28].

A dissidência como virtude resulta de um hábito criado pela repetição de actos de resistência face ao sistema corruptor e totalitário que anula o homem mediante a televisão e a massificação, reduzindo-o à bestialidade.

---

[28] Heidegger, Martín: *Serenidad,* Barcelona, Ed.Serbal, p.27.

Para mais, o homem hispânico nas múltiplas e variadas formas e encarnações sempre foi pessoa, nunca massa. É o absoluto contrário desta.

A ecúmena hispano-americana é, substancialmente, disjuntiva face à nova ordem mundial. Veja-se o cúmulo de teorias arbitrárias que visam explicar, actualmente, o avanço geográfico do castelhano. Sem irmos mais longe: no seu último trabalho[29], o publicitado ideólogo do homem *white, anglosaxon and protestant*, Samuel Huntington, advoga expressamente que o mundo hispânico é o inimigo da unidade e identidade dos Estados unidos da América, e não só porque aí introduz milhares de imigrantes mas também porque os seus valores são dissimiles, distintos, diferentes.

O consenso e os seus cultores, a esquerda progressista e o neoliberalismo, permaneceram amarrados à ideia de *contrato social*, por isso, hoje, os mais atrevidos e "revolucionários" propõem um *novo contrato social*, como solução para os problemas actuais.

O esboço do dissenso prático-político tem actualmente a sua origem na comunidade, (Cfr. Os novos comunitarismos) ou melhor dito, a partir das comunidades, quer isto dizer, aqueles conjuntos de homens que não só compartilham leis, idiomas e crenças, como também valores e vivências históricas - pugnas para se afirmarem no mundo – as quais constituem as respostas que têm de dar, e de facto estão a fazê-lo, ponto por ponto, ao

---

[29] Huntington, Samuel: *¿Quién somos?*, Barcelona, Paidós, 2004
(Cfr. o capítulo 9 sobre o repto hispânico).

A Última
Cultura
Finis
Mundi

modelo de *one world*. E isto porque perante um modelo totalizador já não servem as respostas parciais, antes as respostas totalizadoras, holísticas como se diz hoje em dia, no que concerne ao homem, ao mundo e aos seus problemas.

São as instituições que a comunidade foi criando espontaneamente, as que hoje respondem, inclusive apesar delas, às necessidades que o *Estado Privatizado* deixou por resolver. São as que, de alguma maneira, conservam e saram o tecido social desgarrado em mil pedaços pela *privatização* do governo e da política.

Privatização que se explica, porque os governos e os partidos políticos travestiram a sua finalidade e trabalham para os interesses dos lobbies, seja executando políticas, seja sancionando leis contrárias ao bem comum geral do povo que os levou ao poder.

Reinstalar a solidariedade no seio da comunidade é o primeiro e mais eficaz dos remédios para a cretinização da vida pública e tal só é possível com a reiteração habitual de actos solidários até criar uma segunda natureza no homem sem casta da sociedade pós-moderna.

E se não podemos chegar, numa sociedade secularizada como a nossa, até ao outro enquanto nosso semelhante, conformemo-nos em chegar ao outro como nosso próximo, o que já não é pouco.

A Última
Cultura
Finis
Mundi

TORTURA E TERRORISMO:
QUANDO A FIGURA DO INIMIGO GANHA TERRENO
Pedro Jacob Morais

"Homo homini lupus"
Thomas Hobbes

A. Considerações Introdutórias

O inimigo, o outro, o homem desprovido de rosto, despido da sua *persona*, a máscara que lhe concede a individualidade, e que, por isso, é menos homem, é fantasma, arquétipo em torno do qual se ergue a *guerra total*, faz despertar o ódio, aparentemente adormecido, no Ocidente. E julgávamos nós que os fantasmas de antanho não mais voltariam, que a legitimação do Mal estava morta e enterrada. A ser assim, enganámo-nos profundamente, pois, no coração, ainda ferido, da Alemanha, surge um improvável cultor da segregação, munido de tamanho aparato dogmático que se arrogou capaz de definir quem é pessoa e quem não o é. Falamos, de JAKOBS, um polemista, sim, mas um polemista escutado em demasia.

Julgamos que o Homem, quando colocado em situações históricas limite, vai alterando a concepção de si próprio – nesta linha, poderíamos afirmar que é no precipício que a humanidade se encontra e define. Consideremos três cenários distintos:

1) No Terramoto de Lisboa o Homem compreendeu que as engrenagens catastróficas do Mundo não se encontram ligadas a Deus, entendeu que a virtude e a felicidade[30] não estão necessariamente emparelhadas[31]. A ser assim, em Lisboa entendemos que o pulsar dos acontecimentos naturais é absurdo[32];

2) Após Auschwitz, apercebeu-se, pela pena de HANNAH ARENDT, que os actos mais cruéis e desumanos podem ser praticados por um simples burocrata – o tiranete e a sua norma; ou, mais expressivamente, com ADORNO, entendeu que a poesia se tornou impossível após o Holocausto;

3) Finalmente, no 11 de Setembro, vemos um ataque ao coração do Ocidente, perpetrado com uma brutalidade que não se julgava possível hoje, a brutalidade de ariete que caracteriza a *jihad*.

Para o que nos ocupa, focar-nos-emos no terceiro tópico, o pós 11 de Setembro. Marca, a fatídica data, o início do delírio securizante norte-americano e, ainda que em menor medida, europeu[33]. Listas de pessoas impedidas de voar por suspeitas mais ou menos ténues de terrorismo, apertadas revistas corporais nos aeroportos, a legitimação da tortura em casos-limite[34], e ainda a *guerra justa* contra o terrorismo.

Coincidência, ou não, após a queda das Torres Gémeas, temos assistido a um crescente fenómeno de neocriminalização, diminuição das garantias em processo penal, e a uma vigorosa nova vaga punitiva[35].

---

[30]Utilizamos terminologia kantiana, estando a virtude ligada ao Homem, e a felicidade aos acontecimentos naturais que o beneficiam.

[31]*Vide* SUSAN NEIMAN, *O Mal no Pensamento Moderno, Uma História Alternativa da Filosofia*, Gradiva, 2005, pág. 74 e ss.

[32] Não ignoramos o anacronismo de afirmar que em Lisboa o Homem se apercebeu que o Mundo é absurdo, expressão cunhada por CAMUS. Permitimo-nos, ainda assim, tal veleidade.

[33]JOSÉ ANTONIO RAMOS VÁSQUEZ, *Símbolos y Enemigos: Algunas Reflexiones Acerca de la Nueva Lucha Antiterrorista*, in *Serta In Memoriam Alexandri Baratta*, Ediciones Universidad Salamanca, pág. 1430, *"En este sentido, el 11 de septiembre representó, por así expresarlo, un auténtico clímax, la exacerbación de todo el componente simbólico-comunicativo del terrorismo, mostrando todo su poder de destrucción en un lugar particularmente emblemático, causando un número inusitado de víctimas y con una cobertura informativa en directo que le reporto un impacto automático en el seno de la sociedade mediática (...)".*

[34]Os *ticking time bomb cases,* de que falaremos mais adiante.

[35]É o famigerado *punitive turn,* caracterizado pelo endurecimento das penas, à margem de qualquer juízo de proporcionalidade, e ignorando, por completo, a finalidade ressocializadora das mesmas. Constitui triste exemplo destes novos-velhos ventos, as *shame sanctions* e a *three strikes law,* aplicada em alguns Estados dos E.U.A.

O Direito Penal, feito símbolo[36], aparece despido da roupagem humanista tão arduamente conquistada.

Antes de continuarmos com este ensaio, gostaríamos de empreender uma explicitação terminológica. Aqui, socorrer-nos-emos de outro autor polémico, CARL SCHMITT. Assim, cumpre distinguir *inimicus* e *hostis*. Com o primeiro queremos significar adversário pessoal, não político; e com o segundo (o que mais nos interessa) inimigo público ou político, o adversário de toda a comunidade ou grupo organizado[37]. Dentro do conceito *hostis* podemos ainda distinguir o *inimigo verdadeiro* ou *real*, e o *inimigo absoluto* ou *ideal*. O *inimigo verdadeiro* aparece, num dado contexto espácio-temporal, materializado, é passível de ser identificado sem grande esforço. Em casos destes, a disputa ocorre em torno de bens visíveis, passa pela consecução de determinado objectivo, o qual, quando atingido, põe fim ao conflito[38]. Já o *inimigo absoluto* representa uma abstracção, não é individualizável ou facilmente identificável. A volatilidade e indefinição deste sujeito deixa patente o perigo que guerras em seu nome representam para a humanidade[39] – aqui surgem as *guerras justas*, ou as *guerras totais*, e perdidos ficam os limites do humanamente admissível ou tolerável.

A recente frente de batalha aberta, pelos E.U.A., contra as potências do médio-oriente, artificialmente justificada pela existência de armas de destruição em grande escala, esconde um móbil bem mais insidioso, o medo do outro, do diverso, o terrorista, homem que não o é. Aclarando, o termo terrorista, à força da repetição, vai perdendo sentido, vai-se despersonalizado. No final, o terrorista, máxime, o islâmico, deixa de ser homem e passa a ser entidade difusa, incapaz de sentir dor, impossibilitado de ser homem, catalisador do ódio ocidental.

Pelo exposto, é bom de ver que a supracitada incursão ao médio-oriente mais não é que uma *guerra total*, o espelho ocidental da *jihad*. Ora, tamanha resolução bélica não pode subsistir sem doutrina que a sustente. É aqui que surge, e encontra terreno arável, a teoria do *Direito Penal do Inimigo* de JAKOBS, e a tentativa de legitimação da tortura de DERSHOWITZ[40].

---

[36]*Vide* GUNTHER JAKOBS e CANCIO MELIÁ, *Derecho Penal del Enemigo*, Thomson Civitas, 2003, pág. 65 e ss.

[37]NUNO ROGEIRO, *O Inimigo Público, Carl Schmitt, Bin Laden e o Terrorismo Pós-Moderno*, Trajectos, pág. 21, *"A inimizade privada deriva da agressão, a um bem pessoal, a hostilidade pública da necessidade de preservar a própria comunidade (Estado, governo, sociedade, etc.)"*.

[38] Tomemos por exemplo da realidade referida a Guerra dos Seis Dias, ou a Guerra do Golfo.

[39]Pensemos na *Guerra Santa*, ou na *Guerra Contra o Terrorismo*. Digna de nota é a *II Grande Guerra*, onde parece existir uma miscigenação do *inimigo real* (os países europeus susceptíveis de serem ocupados pelo *III Reich*) com o *inimigo ideal* (a misteriosa figura do Judeu). Cremos ser esta a razão que leva esta guerra a receber o epíteto de *total*.

[40]Que mais à frente abordaremos.

Perante estes afloramentos de desgraça, afluentes do Aqueronte, para utilizar linguagem simbólica, a realidade torna-se de difícil configuração, falta-nos a ordem, talvez a ordem natural das coisas. É então que perguntamos com ORTEGA Y GASSET, *"quem manda no Mundo"*? Acreditava este autor que o Mundo, enquanto projecto de realização humana, só seria possível se um Estado ou um Continente assumisse o controlo, se alguém mandasse nos restantes. Nos anos vinte, atribuía esse papel à Europa.

A ideia é interessantíssima, pelo que não a queremos abandonar. Uma potência que manda, é uma potência que dá ordem à humanidade, tornando a realidade sustentável. É, no limite, uma *"barreira contra o fim do mundo"*[41].

Quase um século volvido sobre as palavras de ORTEGA, parece ter ocorrido uma troca de papéis, passando, se partirmos do pressuposto que alguém tem de mandar no mundo, a posição de liderança a caber aos E.U.A.[42][43] E, a ser assim, é com redobrada preocupação que vemos este actor da cena política internacional, legitimar a tortura e recusar a condição de pessoa humana aos terroristas, com base num omnipresente e descabido fantasma, aglutinador de todo o Mal terreno, que é a Al Qaeda.

Tendo em conta o que foi dito, facilmente vemos que uma visão de segregação como esta, pode trazer nefandas entorses ao Direito de Asilo e Refugiados. No reino da suspeita, qualquer pessoa pode ser um potencial terrorista. A um potencial terrorista podemos aplicar métodos de tortura para lhe extorquir a "verdade", em nome de um superior interesse da nação, ou do valor das vidas de milhares de inocentes. Levando este raciocínio até ao seu ponto de ruptura, que lugar fica para a concessão de asilo a uma pessoa proveniente de um qualquer Estado suspeito de apoiar a *jihad*? Poderão os processos de determinação do estatuto de refugiado permanecer imunes a estes afloramentos de intolerância?

Neste estudo, pretendemos dar resposta a tais questões.

---

[41]Na feliz expressão de NUNO ROGEIRO, ob. Cit., pág 36.

[42]Assim parecem atestar alguns epítetos atribuídos pelos *mass media*, como sejam: *"donos do Mundo"* ou *"polícias do Mundo"*.

[43]Com isto não queremos dizer que os E.U.A. sejam os detentores mais avalizados deste poder. Gostaríamos, ainda, de deixar claro que concordamos com a teoria de ORTEGA sobre elites e massas, quando aplicada a pequenas comunidades ou Estados. Todavia, o passo seguinte, ou seja, extrapolar este pensamento para uma escala global suscita-nos as maiores reservas. É que a um nível Macro, todas as coordenadas se alteram, desde logo pelo mais que previsível choque entre a mundividência ocidental e oriental. Seria até temerário que nós, enquanto ocidentais, defendêssemos que de tal lugar hegemónico deveria pertencer a uma potência ocidental – seria impor uma *forma mentis* que é nossa, e só nossa, ao resto do mundo.

A Última
Cultura
Finis
Mundi

B. Convenção Contra a Tortura e Outras Penas ou Tratamentos Cruéis, Desumanos ou Degradantes

Em 1984, no dia 10 de Dezembro, a Assembleia Geral das Nações Unidas adoptou a Convenção Contra a Tortura e Outras Penas ou Tratamentos Cruéis, Desumanos ou Degradantes[44].

No seu art. 1º nº.1 define tortura como sendo *"qualquer acto por meio do qual uma dor ou sofrimentos agudos, físicos ou mentais, são intencionalmente causados a uma pessoa com os fins de, nomeadamente, obter dela ou de uma terceira pessoa informações ou confissões, a punir por um acto que ela ou uma terceira pessoa cometeu ou se suspeita que tenha cometido, intimidar ou pressionar essa ou uma terceira pessoa, ou por qualquer outro motivo baseado numa forma de discriminação, desde que essa dor ou esses sofrimentos sejam infligidos por um agente público ou qualquer outra pessoa agindo a título oficial, a sua instigação ou com o seu consentimento expresso ou tácito"*.

Da exegese da norma surgem algumas dúvidas. Ao referir "dor ou sofrimentos agudos" (sejam físicos ou mentais) estará o legislador a deixar de fora a dor crónica. Por nós, consideramos que o aproveitamento ou a exploração da dor crónica da vítima terá, necessariamente, de caber no conceito de tortura, sob pena de operar um esvaziamento injustificado do conceito.

Nova redução conceptual parece ocorrer quando se exige que os tormentos sejam infligidos *"por um agente público ou qualquer outra pessoa agindo a título oficial"*. É que as vítimas de tortura merecem semelhante protecção, independentemente da roupagem, pública ou privada, do agente – fundante, no sentido da indiferenciação das situações, é a dignidade da pessoa humana[45].

O nº.2 do artigo em apreço explícita que o disposto no nº.1 *"não prejudica a aplicação de qualquer instrumento internacional ou lei nacional que contenha ou possa vir a conter disposições de âmbito mais vasto"*. Contra isto, notamos o optimismo do legislador ao confiar na bondade das legislações nacionais.

---

[44]Uma pequena cronologia:
1950 – Regras Mínimas Para o Tratamento dos Reclusos;
1979 – Resolução 34/169, de 17 de Dezembro (Código de Conduta Para os Funcionários Responsáveis Pela Aplicação da Lei);
1981 – A Assembleia Geral das Nações Unidas instituiu o Fundo Voluntário Para as Vítimas de Tortura.
[45]Neste sentido se tem pronunciado a doutrina maioritária, no que às leis penais portuguesas diz respeito.

Outra crítica que fazemos à Convenção prende-se com a competência opcional do Comité Contra a Tortura para receber informações e para abrir inquéritos (art. 20º e 21º), quando existam suspeitas da prática sistemática de tortura em algum dos Estados Membros. Estamos perante uma "cláusula facultativa de jurisdição obrigatória", uma vez que o Comité só poderá utilizar os seus poderes de investigação caso o Estado Membro não tenha aposto reserva. Ora, daqui resulta que a efectividade da aplicação da Convenção sai diminuída.

C. *Ticking time bombs*

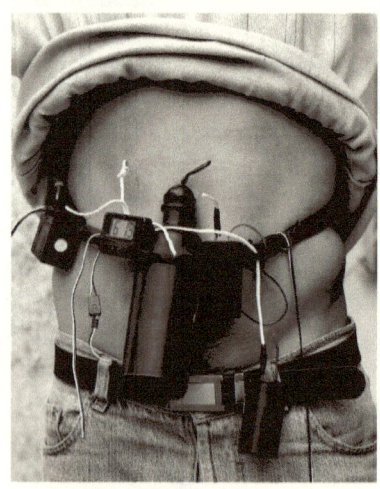

A problemática reconduz-se ao seguinte: um terrorista ou membro de uma organização terrorista, coloca uma bomba num local público que, se explodir, ceifará a vida a milhares de pessoas. Surge, então, a questão: será legítimo, em nome das milhares de vidas inocentes que se perderão, torturar o suspeito de terrorismo de forma a determinar o exacto local onde o engenho se encontra[46]? Ou então, olhando a questão de outro ângulo, será que os fins justificam os meios?

Assim colocada, a questão tem fomentado a discussão na doutrina americana, levando a que alguns autores de renome venham defender posições favoráveis à utilização destes meios de obtenção de prova. Neste sentido, DERSHOWITZ defende que, em casos-limite como o enunciado, uma vez esgotados todos os meios legalmente admissíveis de obtenção de prova, as instâncias formais de controlo poderiam utilizar formas moderadas de tortura[47] para extorquir a informação desejada ao suspeito.

É interessante notar, uma vez que constitui passo relevante no caminho da legitimação da tortura, que em 2005 (em plena Administração Bush), o *waterboarding*[48] e a privação do sono foram incluídas no protocolo de

---

[46] Note-se que não ocorreu julgamento, pelo que, o que agrava o recurso à tortura - estamos perante um mero suspeito.

[47] O autor entende por moderada, a tortura que não é letal. O que, para nós, representa, claramente, uma entorse ao Princípio da Proporcionalidade em sentido estrito. Exemplo de tortura moderada seria a utilização pentanol de sódio (vulgo soro da verdade); a introdução de agulhas esterilizadas debaixo das unhas; a extracção ou perfuração de dentes; e o *waterboarding*.

[48] Técnica utilizada pela inquisição espanhola, consiste em *"amarrar o interrogado de pés e mãos numa prancha inclinada, com os pés para cima e a cabeça para baixo, de modo a ficar completamente imobilizado. Depois a cara é coberta com um pano ou celofane. Em seguida o verdugo lança*

interrogatório da CIA. Tal restrição do conceito de tortura, para além de perigosa por poder levar a um "efeito bola de neve", não passa de puro malabarismo conceptual. Estas técnicas de interrogatório ferem a dignidade humana, – por reduzirem a pessoa a objecto probatório, contenderem com a presunção de inocência e violarem o privilégio contra a auto-inculpação[49] – princípio norteador nos terrenos onde nos encontramos, e como tal não podem ser excluídas do conceito em apreço[50]. Em 2009, os E.U.A. emendaram a mão, e estas técnicas foram, novamente, banidas.

Retornando a DERSOWITZ, diz-nos este autor que, se a tortura é utilizada de facto pelos órgãos de polícia criminal para prevenir ataques terrorista, resultaria mais garantístico para os sujeitos-alvo, a consagração legal do método. Este controlo formal traria proporcionalidade (nas suas vertentes de necessidade, adequação e proporcionalidade em sentido estrito) à tortura. Este argumento choca frontalmente com a nossa sensibilidade. Consideramos que o caminho a trilhar não deverá ser o de tornar legal a tortura que acontece de facto, de forma a que esta adquira moderação legitimadora. Ao invés, a tortura que existe de facto deve ser erradicada através da punição severa dos seus agentes. Mais, a consagração normativa só contribuiria para a sua perpetuação.

Esta linha doutrinal vai ao ponto de afirmar que formas moderadas de tortura só contendem com a integridade física da pessoa, ignorando as possíveis consequências psíquicas, como o *stress* pós-traumático, que da sua utilização podem advir.

Aqui chegados, há que firmar a nossa posição no sentido da exclusão *tout court* da utilização da tortura como método de obtenção de prova. Ainda que esgotados todos os métodos legalmente admissíveis, mesmo que o caso seja extremado, nem assim resulta legitimada a sua utilização. Verdade sim, mas não verdade a todo o custo (perdoe-se o chavão). A dignidade humana tem de constituir limite intransponível à investigação das instâncias formais de controlo, deve constituir, zona livre de Estado[51].

---

repetidamente porções de água sobre a cara coberta, servindo-se, por exemplo de um regador ou de um jarro. A sensação da vítima é de asfixia por afogamento, como se fosse fustigada por sucessivas vagas de água. Esta prática é também conhecida por suplício da água. É fácil, económica e não deixa vestígios comprometedores." AUGUSTO SILVA DIAS, Torturando o Inimigo ou Libertando da Garrafa o Génio do Mal? Sobre a Tortura em Tempos de Terror, in Estudos em Homenagem ao Prof. Doutor Jorge Figueiredo Dias, Vol. 1, Coimbra Editora, 2008, pág. 214.
[49]Ou nemo tenetur se ipsum accusare.
[50]AUGUSTO SILVA DIAS, ob. cit., pág. 226, "O que tem valor de toca está sujeito à livre transacção, o que tem dignidade não: é ente único, irrepetível, não transaccionável, intrínseca e imperativamente respeitável na sua integridade."
[51]AUGUSTO SILVA DIAS, ob. cit., pág. 254, "(...) ao torturar o "inimigo", ainda que com os propósitos mais louváveis, o que se faz é libertar da garrafa o génio do mal".

D. Caso *Daschner*

Mudando o nosso referente geográfico para a Alemanha, surge-nos o caso *Daschner*, caso polémico, mote para nova discussão doutrinal. O caso leva-nos ao ano de 2002 e trata do rapto de uma criança de onze anos com o fito de obter resgate. Ora, tendo os pais da criança concedido o resgate, o raptor recusou-se a entregar a criança. Detido pela polícia e submetido a interrogatório, aquele não só se recusou a revelar o paradeiro da jovem, como assumiu uma postura petulante perante as autoridades. Foi perante este circunstancialismo que Daschner, Vice-Presidente da Polícia de Frankfurt, ordenou a sujeição do suspeito a tortura, de forma a que este revelasse o local onde encerrada a criança. Aplicado o método, o suspeito, finalmente, revelou o local. A criança havia sido enterrada por este.

Ora, perante tais actos, tanto Daschner como o agente que aplicou o método de tortura foram julgados e condenados em pena de multa e em admoestação, pelos crimes, respectivamente, de indução de subordinação à prática de um crime em concurso efectivo com o crime de instigação de coacção por funcionário; e coacção no exercício de funções.

Cumpre fazer algumas considerações atinentes, por um lado, ao método de interrogatório e, por outro, à pena aplicada aos agentes.

Entendemos, naturalmente, a imensa pressão psicológica a que os agentes de investigação criminal estão sujeitos, principalmente em casos que envolvam crianças, por serem susceptíveis de ferir, particularmente, a sensibilidade do homem fiel ao direito. Ainda assim, conscientes da natureza humana, consideramos que nenhum destes factores justifica o recurso á coacção física, devendo os agentes que a praticarem ser sujeitos a julgamento, não admitindo qualquer excepção.

Igualmente preocupantes nos parecem as penas em que incorreram os agentes. Por serem leves em demasia, consideramos estar perante uma legitimação da tortura *a posteriori*. Se as instâncias formais de controlo praticam crimes desta natureza, ocorre uma desestabilização sobremaneira forte das normas penais. A comunidade, abalada pelo ocorrido questiona: afinal quem guarda o guarda? A ser assim, a necessidade de estabilização contrafáctica da norma (finalidade de prevenção geral positiva) reivindica uma punição exemplar dos agentes – o que não ocorreu neste caso e, portanto, merece a nossa reprovação.

E. Direito Penal do Inimigo

A teoria do Direito Penal do Inimigo encontra, actualmente, em GUNTHER JAKOBS[52]o seu principal cultor. Defende o autor que ao direito penal tal o conhecemos (Direito Penal do Cidadão), se contrapõe o Direito Penal do Inimigo. O inimigo, como se depreende do binómio, não é cidadão, logo, não será tratado como tal, não tendo acesso a determinadas garantias (constitucionais, processuais, etc.), vendo, então, a sua esfera de direitos fundamentais seriamente mutilada. Em suma, o inimigo deixou de ser pessoa ao não apresentar *"garantia cognitiva suficiente para se comportar como pessoa"*[53].

Indo à etimologia da palavra "pessoa", que nos leva a *persona*, a máscara utilizada para cobrir o rosto dos actores no teatro greco-romano, objecto advindo da civilização etrusca. Com isto, o autor quer significar que a personalidade não será atribuída a todo e qualquer sujeito, mas somente àqueles que respeitam, e interiorizaram, as normas comunitários, ou seja, só será atribuída a quem se comporte de uma determinada forma, a um actor que se aja como um cidadão[54].

Destarte, temos subjectividade e personalidade como dois conceitos distintos e distantes. Se todos os homens, por o serem, são sujeitos, nem todos serão pessoas. JAKOBS só concede dignidade humana a quem se comportar como cidadão. Ao sujeito, desprovido de dimensão humana, não lhe serão reconhecidos os direitos fundamentais ancorados na dignidade da

---

[52]Professor Catedrático de Direito Penal e Filosofia do Direito na Universidade de Bona.

[53]GUNTHER JAKOBS e CANCIO MELIÁ, *ob.cit.*, pág. 40, (traduzido nosso).

[54]GUNTHER JAKOBS, *Sociedad, Norma y Persona en una Teoría de un Derecho Penal Funcional, Civitas*, 2000, pág. 50 e 51, *"Ser persona significa tener que representar un papel. Persona es la máscara, es decir, precisamente no es la expresión de la subjetividad de su portador, sino que es representación de una competência socialmente comprensible"*.

pessoa[55]. O sujeito torna-se inimigo e será, enquanto tal, afastado da comunidade.

Quebrado em dois, o Direito Penal, na sua roupagem de Direito Penal do Cidadão, manteria as suas prerrogativas de ressocialização e reforço da vigência da norma. Por sua vez, o Direito Penal do Inimigo constituiria uma "guarda avançada" de prevenção e combate de perigos[56].

Como vemos, a esta nova vertente do Penal avançada pelo autor, são alheias considerações de prevenção geral e especial – estamos no reino do símbolo. Não ignoramos que quando o Direito Penal Clássico aplica uma pena é possível discernir aí um momento simbólico, mas é um momento simbólico meramente adjacente às suas funções nucleares.

Ora, não é isto que acontece no Direito Penal do Inimigo. Se ao inimigo negamos natureza humana, a pena a aplicar-lhe visará, não a sua ressocialização, mas a segregação deste da sociedade. E se somos brutais no tratamento do inimigo, se é só coacção física até chegar à guerra, então vamos além do que a estabilização contrafáctica da norma exigiria, temos como que uma sobre-estabilização contrafáctica. Como tal, excluídas que ficam a ressocialização do agente e o reforço da vigência da norma, ficamos com um Penal puramente simbólico[57] – temos aqui embutida uma profunda ideologia autoritária.

Aqui chegados, ninguém duvidará que a consensualidade não segue o autor. Como o próprio refere, o Direito Penal do Inimigo, ainda que sob denominação diversa, não é fenómeno recente, remontando a ROUSSEAU, FICHTE, HOBBES (dicotomia estado de natureza e estado de sociedade). Seria, no entanto, anacrónico condenar tais autores, frutos do seu tempo ou da sua circunstância. Resulta, por sua vez mais chocante, afirmar hoje, séculos de evolução penalística volvidos, tais ideias.

---

[55]GUNTHER JAKOBS e CANCIO MELIÁ, *ob.cit.*, pág. 33, *"El Derecho penal del ciudadano es el derecho de todos, el derecho penal del enemigo el de aquellos que forman contra el enemigo; frente al enemigo, es sólo coacción física, hasta llegar a la guerra."*

[56] GUNTHER JAKOBS e CANCIO MELIÁ, *ob.cit.*, pág. 33.

[57]JOSÉ ANTONIO RAMOS VÁSQUEZ, *ob. cit.*, pág. 1431, *"Efectivamente, cierto es que toda norma penal posee ad societatem un valor simbólico/comunicativo nada desdeñable: es la utilización de la legislación penal con fines exclusivamente simbólicos lo que vacía de sentido y de función al ordenamento penal (cuanto menos de aquellas funciones que son legítimas en un Estado social y democrático). Máxime cuando, como sucede en el supuesto de la legislación antiterrorista, la función simbólica lleva aparejada la vulneración de principios básicos e irrenunciables".*

A Última
Cultura
Finis
Mundi

F. Implicações do Discurso Legitimador no Direito de Asilo e Refugiados

As ondas de choque provocadas pelo, cada vez mais, premente problema do terrorismo, permitiram o retorno de velhos fantasmas que se julgavam erradicados. É bom recordar que existem duas ordens de razões a depor contra a utilização da tortura.

Em primeiro lugar, temos razões políticas – estes métodos chocam irreversivelmente com a dignidade humana, por reduzirem a pessoa a mero objecto probatório a ser manipulado segundo a vontade, mais ou menos brutal, do verdugo. Depois, temos razões epistémicas – está provado que a utilização da tortura não garante a veracidade dos enunciados linguísticos extraídos à vítima. Esta, sob as mais excruciantes dores, dirá, invariavelmente, a "verdade" que o torturador quer ouvir[58].

Aqui, gostaríamos de invocar CESARE BECCARIA, quando comparava a tortura às ordálias ou juízos de Deus, afirmando que *"a única diferença entre a tortura e as provas do fogo e da água fervente é que o êxito da primeira parece depender da vontade do réu e o da segunda parece depender de um facto puramente físico e extrínseco; mas esta diferença é apenas aparente e não real"*[59]. Umas páginas adiante o autor reforça a ideia da falibilidade da tortura, referindo que não passa de uma mera questão de cálculo entre a intensidade do tormento infligido e a capacidade de resistência da vítima[60]. Como é possível, três séculos volvidos, ainda não termos interiorizado a lição deste mestre?

Acreditamos que este frémito securitário, por negar os mais elementares direitos fundamentais, por antecipar a tutela penal – temos um penal de perigos, voltado para a antecipação do delito, ou até, para a antecipação do perigo[61] – e por utilizar métodos de obtenção de prova comprovadamente falíveis, poderá abalar o *status quo* do direito de asilo e refugiados. Se estamos perante um Penal de "guarda avançada", fundado no preconceito e

---

[58]Recordemos o final da obra *1984* de GEORGE ORWELL.

[59]CESARE BECCARIA, *Dos Delitos e das Penas*, Fundação Calouste Gulbenkian, 3ª Edição, 2009, pág. 95.

[60]CESARE BECCARIA, ob. cit., pág. 96, *"O êxito da tortura é portanto uma questão de temperamento e de cálculo, que varia em cada homem na porção da sua robustez e da sua sensibilidade; tanto assim que com este método um matemático resolveria melhor do que um juiz o seguinte problema: dada a força dos músculos e a sensibilidade das fibras de um inocente, encontrar o grau de sofrimento que o fará confessar-se culpado de um dado delito"*.

[61] COSTA ANDRADE, *"Bruscamente no Verão Passado"*, A Reforma do Código de Processo Penal, Observações Críticas Sobre Uma Lei que Podia e Devia Ter Sido Diferente, Revista de Legislação e de Jurisprudência, N.º 3951, pág. 324, *"Trata-se de clarificar o campo avançado do perigo para nem sequer deixar o perigo acontecer e, concretamente, impedir a ocorrência de crimes ainda não individualizados e só possíveis num futuro indeterminado"*.

apoiado em estruturas obsoletas, se teorias marcadamente alheias a valores e sentido ganham apoiantes, não nos choca que os requerentes de asilo sejam tratados, não como requerentes, mas como inimigos. Neste desvario de antecipação da agressão terrorista, pode muito bem ocorrer que o requerente seja submetido a métodos de interrogatório ofensivos da sua integridade física e moral, em nome de uma etérea "segurança nacional" e da *Guerra contra o Terrorismo*.

A ocorrer assim, a inflexão garantística de que vimos falando, pode acarretar a segregação de pessoas que, correctamente entrevistadas e tratadas no respeito da dignidade que lhes é intrínseca, teriam todas as possibilidade de conseguir o estatuto de refugiado. Estes ventos não auguram nada de bom...

G. Concluindo

Os ataques terroristas do 11 de Setembro agudizaram problemas que vinham detrás. Falamos de questões básicas como o tratamento digno dos requerentes de asilo ou dos migrantes. A falta de respeito pela natureza humana não é invenção daqueles atentados[62].

Direito Penal a duas velocidades, que classifica e aparta pessoas, legitimação da tortura nos *ticking time bomb cases*, manipulação conceptual. Perante tudo isto somos obrigados a concluir que a figura do inimigo ganha terreno e abarca o Ocidente num amplexo desolador. Esquecemos os ensinamentos humanistas do passado e avançamos para guerras totais, tão "justas" e destrutivas como qualquer guerra.

Retomemos a ideia inicial deste trabalho, a possibilidade de existência de uma "barreira contra o fim do Mundo". Parece-nos que do exposto resulta que a barreira se esfumou, a "lâmpada do génio do Mal quebrou-se" – *homo homini lupus*, o homem é o lobo do homem.

Será mesmo assim? Recusamo-nos a crer que o seja. Pelo optimismo antropológico que nos tolhe, acreditamos que as linhas dogmáticas que estudámos não passam de fogachos, passageiras, portanto.

---

[62]Atentemos à mordaz análise de EVA MARÍA SOUTO GARCÍA, *Algunas Notas Sobre la Función del Derecho Penal en el Control de los Flujos Migratorios: Especial Referencia a la Medida de Expulsión*, in *Derecho Penal de Excepción, Terrorismo e inmigración*, Tirant lo Blanch, Valencia, 2007, pág. 295, *"El panorama con el que estos sujetos se encuentran a su legada a los Estados de recepción es desolador, ya que bajo el inicial discurso de solidariedade y altruismo que profesan estos países se esconde una verdade radicalmente distinta. En este sentido, lo que realmente subyace bajo el velo de la tolerância no es sino un interés desmedido por el control de los flujos migratórios y la selección de personas aptas para servir al sistema económico imperante. En certo modo, el extranjero inmigrante es una mercancia con la que comerciar en los mercados de los países más desarrollados"*.

A Última
**Cultura
Finis**
Mundi

Como tal, escolhemos para terminar este estudo, as sábias palavras de JORGE MIRANDA: *"(...) os Estados Unidos – postos à prova pelos atentados de 11 de Setembro e que receberam tantas demonstrações de solidariedade de todos os continentes – deveriam ser os primeiros a compreender que sem a cooperação internacional nada é possível de sólido e duradouro; que nenhum poder militar é suficiente para prevenir um terrorismo globalizado num mundo globalizado como o de hoje; que a justiça não pode equivaler a retaliação ou a justiça de vencedores, mas sim a justiça, segundo o devido processo jurídico, tal como se pretende que o Tribunal Penal Internacional venha a realizar"[63].*

Bibliografia

ANDRADE, COSTA - *"Bruscamente no Verão Passado", A Reforma do Código de Processo Penal, Observações Críticas Sobre Uma Lei que Podia e Devia Ter Sido Diferente*, Revista de Legislação e de Jurisprudência, N.º 3951;

BECCARIA, CESARE - *Dos Delitos e das Penas*, Fundação Calouste Gulbenkian, 3ª Edição, 2009;

GARCÍA, EVA MARÍA SOUTO - *Algunas Notas Sobre la Función del Derecho Penal en el Control de los Flujos Migratorios: Especial Referencia a la Medida de Expulsión, in Derecho Penal de Excepción, Terrorismo e inmigración*, Tirant lo Blanch, Valencia, 2007;

JAKOBS, GUNTHER - *Sociedad, Norma y Persona en una Teoría de un Derecho Penal Funcional, Civitas*, 2000;

JAKOBS, GUNTHER e MELIÁ, CANCIO - *Derecho Penal del Enemigo*, Thomson Civitas, 2003;

NEIMAN, SUSAN - *O Mal no Pensamento Moderno, Uma História Alternativa da Filosofia*, Gradiva, 2005;

MIRANDA, JORGE - *Os Direitos Fundamentais e o Terrorismo: Os Fins Nunca Justificam os Meios, Nem Para um Lado, Nem Para o Outro"*, Revista do Tribunal Regional Federal da 3ª Região, Nº 75, Jan/Fev 2006;

SILVA DIAS, AUGUSTO - *Torturando o Inimigo ou Libertando da Garrafa o Génio do Mal? Sobre a Tortura em Tempos de Terror, in Estudos em Homenagem ao Prof. Doutor Jorge Figueiredo Dias*, Vol. 1, Coimbra Editora, 2008;

---

[63]JORGE MIRANDA, *Os Direitos Fundamentais e o Terrorismo: Os Fins Nunca Justificam os Meios, Nem Para um Lado, Nem Para o Outro"*, Revista do Tribunal Regional Federal da 3ª Região, Nº 75, Jan/Fev 2006, pág. 104.

A Última
Cultura
Finis
Mundi

ROGEIRO, NUNO- *O Inimigo Público, Carl Schmitt, bin Laden e o Terrorismo Pós-Moderno*, Trajectos;

UNIDAS, NAÇÕES - *O Comité contra a Tortura. Lisboa : Comissão Nacional para as Comemorações do 50º Aniversário da Declaração Universal dos Direitos do Homem*, 2001, (Fichas informativas sobre direitos humanos);

UNIDAS, NAÇÕES - *Métodos de combate à tortura. Lisboa : Comissão Nacional para as Comemorações do 50º Aniversário da Declaração Universal dos Direitos do Homem*, 2001, (Fichas informativas sobre direitos humanos);

VÁSQUEZ, JOSÉ ANTONIO RAMOS - *Símbolos y Enemigos: Algunas Reflexiones Acerca de la Nueva Lucha Antiterrirista, in Serta In Memoriam Alexandri Baratta*, Ediciones Universidad Salamanca;

ANTIGAS TRADIÇÕES DA LUSITÂNIA
Eduardo Amarante

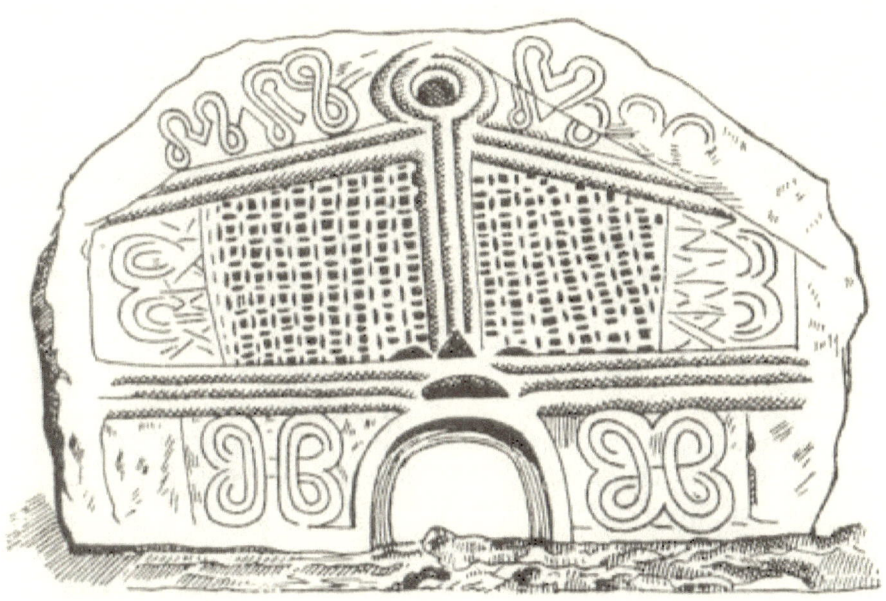

Para melhor se entender as antigas tradições lusitanas importa conhecer as origens deste povo milenário que tem sabido manter a sua coesão e identidade apesar das inúmeras vicissitudes por que tem passado ao longo da sua história.

Como já tenho referenciado em outras obras, segundo relatos míticos, as suas origens remontam aos descendentes dos filhos de Noé. Algumas aldeias da Galiza e do Minho conservam uma tradição que já vem dos mais remotos tempos bíblicos, segundo a qual teriam sido fundadas pelos filhos de Noé. Ainda hoje, o tema do dilúvio permanece bem vivo entre os camponeses portugueses. Flávio Josefo (no século I d.C.) conta que:

"...os sete filhos de Jafé espalharam-se desde a Ásia até Gades (Cádiz) e deram os seus nomes às terras que ocuparam (...). Túbal deu o seu nome aos Tubalianos que hoje se chamam Iberos".

É oportuno notar que este autor, ao associar os iberos de Túbal a Gades, refere-se aos ibéricos da Península e não aos ibéricos da Ásia Menor. Com efeito, parece terem-se dissipado as dúvidas – tanto são os vestígios, sobretudo linguísticos –, quanto ao parentesco entre estes dois povos homónimos, que procederiam de um ramo comum semita. Ainda na Idade

Média, o povo ibérico dizia que a língua dos antepassados fora o caldaico, nome genérico que compreende os idiomas ugarítico e caldaico. Os judeus da actual Palestina mantiveram desde os tempos bíblicos relações com a Península Ibérica (a que chamam Sefarad). A sua presença na Península data de muito antes do advento do cristianismo.

Com a chegada dos celtas e a fusão entre estes e os iberos constituiu-se na Península uma "raça" celtibérica. Para alguns historiadores, só houve uma invasão celta, a partir do século VIII a.C. Para outros, como Bosch-Gimpera, houve duas, uma no século IX, pela Catalunha, e outra a partir do século VII, na Meseta. Importa, contudo, frisar que todas as manifestações existentes na Península durante a influência céltica não podem ser atribuídas exclusivamente a estes, pois há que contar com as importantes achegas culturais trazidas pelos colonizadores orientais, nomeadamente fenícios e cartagineses, sem esquecer o ainda pouco esclarecido substrato autóctone. A tudo isto vieram juntar-se mais tarde os elementos civilizatórios romanos, as invasões bárbaras e, por fim, a cultura árabe.[64]

Apesar de todos estes cruzamentos e intercâmbios culturais e da comprovada existência de uma grande variedade de cultos na Lusitânia, o povo que habita esta ponta mais ocidental da Europa, longe de se desagregar e perder a sua identidade, soube sempre manter-se coeso e identificado com a sua terra. E tem-no conseguido graças à sua enorme flexibilidade e espírito de tolerância, junto a um forte individualismo que se traduz no viver e deixar viver. Este estado de espírito permitiu-lhe a assimilação ou, pelo menos, a aceitação de novos costumes, crenças religiosas e tradições, sem que isso viesse alterar a sua maneira de ser, traduzida nos ritos e nas tradições ancestrais.

Em muitas aldeias, actualmente, estes ritos antiquíssimos ainda se praticam com um fervor quase supersticioso. E isto dá-se, precisamente, nos lugares em que a Igreja católica tem maior influência. É que o povo, sem deixar de ir à missa, acredita mais na eficácia destas cerimónias "pagãs", adaptando-lhes, em alguns casos, os nomes e as formas do catolicismo. Ou, melhor dito, como quase todas as proibições se revelaram perfeitamente inúteis ou infrutíferas, o clero católico teve de "cristianizar" os lugares de culto e os ritos "pagãos" (pré-cristãos) para não perder os seus fiéis.

O catolicismo, incapaz de extirpar tais crenças do povo, canalizou-as habilmente, erguendo capelas, igrejas e templos nas ruínas dos locais assinalados por vestígios de civilizações passadas; cristianizou-as,

---

[64]A este propósito aconselhamos o leitor a consultar a obra *Templários - de Milícia Cristã a Sociedade Secreta, Vol. II – A Génese de Portugal no Plano Peninsular e Europeu* (Apeiron).

substituindo por um santo do seu calendário o antigo deus pagão, que lhe transmitiu algumas das suas virtudes profilácticas. É esta a razão das capelas nos montes e das procissões que em muitas aldeias se realizam ainda hoje. Por outro lado, estes santuários são o índice orientador nas pesquisas dos lugares mágicos.

A este propósito diz Emile Burnouf:

"Nós mesmos observámos na Grécia que muitos santos ou personagens cristãs só se sucederam aos deuses de outrora por terem nomes semelhantes aos seus ou poderem ser objecto de cultos análogos. Santo *Helias* (Elias), sucedeu a *Hélios* (deus greco-romano), o Sol; São *Demétrio* é uma adaptação da divindade grega *Deméter* ou romana Ceres (deusa dos cereais); S. Martinho corresponde ao deus germânico *Wotan*[65]; a Santa

Virgem à virgem *Minerva*, que foi a Aurora, e assim muitos outros. Vestígios inúmeros de antigos cultos existem ainda no seio do cristianismo, que nunca pôde acabá-los completamente".

E Mahomed ou Mafoma deu origem ao cristianizado S. Mamede.

---

[65] Na igreja cristã foi substituído por S. Miguel. Quase todas as igrejas e capelas pertencentes a S. Miguel elevam-se sobre montanhas originalmente consagradas a Wotan (Endovélico na Lusitânia).

Com a propagação do cristianismo e a decadência do panteísmo no Ocidente aquele aproveitou-se dos cultos ditos pagãos transformando-os na crença da Virgem Maria, e o panteísmo refugiou-se nas povoações isoladas dos campos (os *pagi*, donde paganismo), onde sobreviveu apesar da intolerância da religião oficial. Diversos concílios da Igreja proibiram as práticas pagãs. O concílio de Leptines, em 743, proibiu certas práticas cultuais que ainda subsistem actualmente. Entre elas contam-se os cantos funerários, as oferendas nas florestas e as reuniões à volta dos carvalhos sagrados, o culto das fontes santas, o agoiro tirado das aves[66] e dos espirros, etc. Os documentos eclesiásticos, enumerando os usos pagãos, dão-nos elementos sobre certas crenças que ainda subsistem. Santo Elói, no século VII, traça um quadro precioso das crenças populares vigentes na época:

"Eu vos peço e exorto a que renuncieis aos costumes sacrílegos dos pagãos; não escuteis os adivinhos, os feiticeiros e os encantadores, não os consulteis nem em caso de doença nem por outro motivo... Não observeis os agoiros, nem o canto das aves, nem as diversas maneiras de espirrar, quando quiserdes fazer uma viagem (...). Que nenhum cristão dê crédito às rimas ou aos cantos mágicos, porque são obras do diabo. Que na festa de S. João e em outras solenidades dos santos, que se não faça caso do solstício; que se não entreguem a danças, a jogos, a corridas, a coros diabólicos; que ninguém invoque o demónio sob os nomes de Neptuno, de Plutão, de Minerva, ou dos Génios (...). Que nenhum cristão acenda candeias, nem faça votos nos templos pagãos à beira das fontes, ao pé das árvores, nas florestas ou nas encruzilhadas. Que ninguém suspenda amuletos ao pescoço de um homem ou de qualquer animal, ainda mesmo que os clérigos os tivessem preparado e dado como coisas santas (...). Que nenhuma mulher se enfeite com colares de âmbar; que ao tecer ou tingir a tela não invoque nem Minerva nem outra divindade funesta...".

Igualmente, nas constituições do bispado de Lamego, de 1563, ficou decretado o seguinte:

"Defendemos e mandamos com que as procissões não vão a outeiros nem penedos, mas somente à Igreja".

Não obstante estas interdições, a Igreja, ainda não contente e para poder sobreviver no meio rural e manter a sua influência, não teve outro remédio senão adaptar-se às circunstâncias. Senão vejamos o que a este propósito

---

[66] Nos agoiros, as aves são ainda hoje consideradas com poder mágico, sobretudo para conhecer o futuro. Diodoro Sículo fala da adivinhação pelas aves entre os gauleses. Tito Lívio e Justino afirmam mesmo que eles consultam o voo das aves para fazer as suas expedições. Nos finais do século XIII, os agoiros das aves eram muito comuns em terras portuguesas.

nos diz M. Espírito Santo:

"O seu desejo de vingar é sobretudo guiado pela preocupação de não chocar os hábitos adquiridos, o que causaria um prejuízo ainda maior do que a continuidade do culto pagão. Muitas cerimónias camponesas poderiam de facto cair sobre a alçada dos inquisidores, como o chamamento das almas, mas basta aos aldeãos criar um pouco de confusão com as almas do Purgatório para que os dois sistemas consigam evitar entrar em choque. Se é exacto que o clero recupera determinadas festas camponesas, a recíproca é igualmente verdadeira: os aldeãos dão às cerimónias católicas mais trágicas uma ambiência de divertimento festivo."[67] A respeito da apropriação pela Igreja dos antigos monumentos megalíticos temos o caso do burgo de Carnac, cuja demonstração é evidente a ponto de vermos os dois monumentos mais próximos da Igreja da vila serem cristianizados à sua feição: o dólmen com uma cruz, e o *tumulus* Saint-Michel com uma cruz e uma capela. Em solo português também encontramos este facto como, por exemplo, o caso da Anta de S. Dinis, em Pavia, no Alentejo.

A propósito desta apropriação, quando não destruição de antigos lugares mágicos e seus cultos ditos "pagãos" pelo cristianismo, refere Fréminville na sua obra *Antiquités de la Bretagne*, 1827, o seguinte:

"Quanto mais eu avançava em direcção a Carnac, maior era o número dos monumentos célticos. O novo dólmen deparou-se-me no cimo de um montículo; porém, os primeiros missionários cristãos tinham-no derrubado tentando destruí-lo. A seu lado, uma cruz de pedra com uma forma muito antiga erguia-se sobre uma base de pedra, atestando aos fiéis o triunfo da religião cristã sobre o paganismo. Ao longo deste exame das antiguidades da Bretanha, encontraremos frequentemente monumentos cristãos erguidos sobre as ruínas dos do druidismo ou, então, colocados próximo deles; fazem crer que é à imagem de Cristo, da Virgem ou de um Santo que se destina a oferenda e as adorações que o camponês bretão presta por tradição a uma pedra céltica, a uma fonte sagrada, a um velho carvalho, objectos venerados e cultuados pelos seus antepassados".

Encontramos muitos vestígios de cultos pagãos sob uma forma cristianizada na área onde precisamente a influência celta está mais viva. Entre estes cultos citamos, por exemplo:

•O culto aos deuses dos caminhos (*Lug*) e práticas, já referenciadas nesta obra, de medicina mágica nas encruzilhadas, com a presença de cruzeiros[68]

---

[67] in A *Religião Popular Portuguesa*.

[68] Os cruzeiros surgem nos mais diversos lugares, desempenhando variadas funções; no cimo de um monte subs-tituindo uma antiga divindade pagã e no meio dos campos abençoando os frutos como

(pequenos templos dedicados aos numenes, entretanto cristianizados);

•O culto às pedras que se crêem dotadas de virtudes milagrosas[69];

•O culto às árvores como a oliveira e o carvalho a que são atribuídas virtudes curativas;

•E o culto às águas, lagos, poços, tanques sagrados, sendo a pia baptismal cristã[70] uma adaptação pelo cristianismo desses lugares sagrados tidos como pagãos, onde se faziam abluções e rituais de regeneração.

Assim, o clero desempenhou um papel de relevo na formação das religiões com os seus efeitos na sociedade e na civilização. As cerimónias e as festividades antigas relatam a história das origens. Nas festividades actuais, de raiz tradicional, esqueceu-se não raras vezes o motivo da comemoração. Mas, no entanto, é possível descobri-lo mediante o estudo da analogia e do simbolismo aí subjacente.

---

marca cristianizada da divindade da Terra.

[69] A este propósito, é interessante citar uma frase enigmática dita por S. Bernardo: "Pensais que não se pode extrair o mel da pedra?", na sequência dos "poderes" que o mundo mineral pode possuir.

[70] Assim, a pia baptismal corresponde aos lagos, tanques e poços sagrados dos povos pré-colombianos e dos celtas.

GRAMSCI DE CAMISA NEGRA
João Martins

Dentre a literatura que tenho por costume adquirir, são diversas as temáticas que me despertam interesse, ainda assim, confesso que a narrativa Histórica é sempre aquela que mais me cativa a atenção, não tivesse sido este fremente paroxismo pela compreensão do mundo actual por via do conhecimento dos acontecimentos do passados o móbil para uma licenciatura precisamente em História.

À margem das ideologias, admiro as mulheres e os homens que dedicaram as suas vidas em prol de um ideal. Sem estas vidas, sem estas vivências, sem determinadas tomadas de decisão ou atitude, qualquer forma de conceber o mundo torna-se absolutamente desprovida de humanidade, de rostos, de sentimentos e emoções, tantas vezes levados a impressionantes níveis de exacerbação que resultaram frequentemente nos mais trágicos dramas humanos. As guerras civis são precisamente o culminar desses dramas, porquanto nenhuma família escapa a ver os seus membros nos diferentes lados da barricada.

Recentemente, nas minhas deambulações pela História contemporânea europeia, descobri um episódio deveras curioso e que muito me comoveu,

um episódio ocorrido na Itália durante a primeira metade do século XX, ou para ser mais preciso, aquando daquela que foi designada pelo historiador alemão Ernst Nolte como a II guerra civil europeia.

Ora, à parte de considerações ideológicas, que para o caso pouco ou mesmo nada interessam, quero partilhar convosco o fado de um homem que carregou um apelido sobejamente conhecido, mas que circunstancialismos políticos fizeram cair no obscuro olvido da História. Aproveito assim o ensejo para resgatar da penumbra dos tempos a memória de uma vida, uma *damnatio memoriae*, traçando, injustamente em breves linhas, a sua extraordinária biografia.

António Gramsci, conhecido pensador marxista, teórico da Hegemonia Cultural, cativo de um regime Fascista que, não obstante, lhe permitiu continuar a sua obra ideológica na prisão, faleceu há setenta anos. Podemos nutrir alguma simpatia pelo homem, ou inclusive estudar o seu intrincado pensamento, porém, nenhum biógrafo poderá atribuir-lhe aquilo que torna mais bela e rica a vida de um ser humano; o espírito de aventura, de abnegação, aquela atitude rebelde de marchar contra a corrente, ou simplesmente ser "a ovelha negra" da família, expressão que poderiamos aqui plasmar, muito a propósito, na cor negra da camisa dos esquadrões fascistas, aquela camisa que o irmão de António, Mário Gramsci, envergou orgulhosamente e com ela soube viver e morrer.

De origens humildes, Mário Gramsci, nasceu em 1893, sendo o mais novo de uma prole de 7 irmãos. Não tendo vivido uma existência longa, Mário teve, todavia, uma vida extremamente preenchida de sentimento e fervor patriótico, uma vivência tão intensa que parece retirada do manifesto dos futuristas italianos, o célebre requisitório contra a tibieza e o conformismo redigido por Marinetti, no qual se exaltavam «o amor do perigo, o hábito da energia e da temeridade (...) a coragem, a audácia, a rebelião.»

No fatídico ano de 1914 teve início a I Guerra Mundial, conflito que irá encerrar sanguinariamente os delírios imperialistas do século XIX. Mário Gramsci, contando à época 22 anos de idade, adere entusiasticamente à entrada do seu país na contenda em 1915, voluntariando-se para a linha da frente, onde combate com o posto de tenente. Terminado o conflito, a Itália vê-se mergulhada numa profunda crise político-social. A chamada "vitória traída"[71] e o aumento da agitação comunista, levam-no a aderir aos recém formados Fasci di Combattimento, do veterano agitador socialista e também ex-combatente Benito Mussolini. Depressa ascendeu à condição

---

[71] A Itália, nação vencedora, não viu cumpridos na íntegra os tratados assinados e que lhe concederiam mais territórios e dividendos económicos).

de secretário federal do Fascio de Varese e nem os pedidos incessantes de António Gramsci e dos restantes membros da família (Mário era o único fascista) o demoveram no seu empenho... nem mesmo as selváticas bastonadas que os companheiros comunistas de seu irmão lhe desferiram e o mandaram para o hospital.

António corta relações com ele em 1921, ainda assim, no mês de Agosto de 1927, Mário, a pedido de sua mãe, faz uma aproximação a António, na altura já encarcerado na prisão de San Vittore, numa tentativa de o ajudar a resolver os seus problemas judiciais.

Em 1935 a Itália declara guerra e invade o reino da Abissínia. Mário Gramsci voluntaria-se, uma outra vez, para fazer parte do corpo expedicionário italiano que irá conquistar a Etiópia do imperador Hailé Selassié, numa campanha militar que durou uns encarniçados 9 meses e que permitiu a Mussolini proclamar desde o Palácio Veneza o nascimento do Império Italiano.

No ano de 1941, já em plena II Guerra Mundial, impulsionado pelo vício guerreiro, e com a idade de 47 anos, Mário, que concebia a vida como um combate permanente, volta a África, desta feita para enfrentar os britânicos, que ameaçavam as possessões italianas na Líbia e da chamada África Oriental Italiana.

Com o decorrer da guerra as forças do Eixo foram perdendo a iniciativa e, consequentemente, a sorte do conflito passou para o lado das forças Aliadas. Em 1943, somando derrota em cima de derrota, com parte do território metropolitano italiano invadido pelos anglo-americanos, o mal-estar instala-se entre o Grande Conselho Fascista e Mussolini é destituído pelo Rei Victor Emmanuel III e seguidamente detido. Acto contínuo, no dia 8 de Setembro, dá-se a traição de Badoglio. A Itália rendia-se aos aliados e declarava guerra ao Terceiro Reich. No meio do turbilhão, Mário mostrou-se indefectível, mantendo inabalável a sua convicção no credo fascista. Mussolini, libertado do cativeiro por um esquadrão SS, declara a 23 de Setembro a formação da República Social Italiana, a efémera, mas, não obstante, famigerada, República de Saló. Ao invés de acolher os invasores com a bandeira branca, ou nalguns casos com bandeiras vermelhas ou mesmo norte-americanas, Mário Gramsci adere ao apelo fascista de continuar o combate, ingressando nas forças armadas da RSI.

Feito prisioneiro pelos *partigiani*, o Gramsci fascista é entregue às forças Britânicas e deportado para um campo de concentração na longínqua Austrália. As duras condições a que foi submetido, obséquio de um tratamento desumano particularmente reservado aos militares fascistas

irredutíveis, fez com que a sua saúde fosse ficando cada vez mais débil. Libertado nos finais de 1945, regressa à Itália para morrer, visto as mazelas contraídas no campo de concentração serem irreversíveis. Dá entrada num hospital desprovido de quaisquer condições e aí veio a falecer com a idade de 52 anos, na presença da sua esposa Anna e os filhos Gianfranco e Cesarina.

Em jeito de curiosidade, refira-se que o seu irmão António Gramsci quando adoeceu na prisão, devido a uma doença crónica contraída em juventude, foi libertado e, homem livre, pôde tratar-se a expensas do regime fascista numa clínica privada.

Não tendo o seu nome atribuído a qualquer rua, à semelhança do seu irmão António, e praticamente olvidado nas iníquas páginas da história, Mário, o Gramsci de camisa negra, é indubitavelmete o paradigma do aventureiro, exemplo da coragem e da fidelidade, glorificação do soldado-político. Talvez sejam as palavras de John M. Cammett, que melhor expressem a riqueza emotiva da vida de Mário Gramsci: *He was a volunteer in World War I, a volunteer in the Ethiopian war, and again in World War II (at the age of 47!). And in between these disasters he was an enthusiastic volunteer to the very ideology which did him in! What a life!*[72]

---

[72] *In* http://www.internationalgramscisociety.org/igsn/articles/a07_16.shtml

O MITO DO TARRAFAL
Vítor Martins

A evocação da simples palavra "tarrafal" provoca, na maioria dos portugueses, um reflexo de rejeição, mesmo até de repugnância. Tarrafal foi um tenebroso campo de concentração nazi, um espaço abjecto, uma aldeia da morte, um campo de morte lenta, local das mais miseráveis torturas. Todas estas referências são memórias que não adquirimos directamente mas que nos foram inculcadas por décadas de propaganda política que já vinha muito detrás mas se tornou monoliticamente presente e indiscutível nos meios de comunicação social desta III República. Não interessa agora analisar os mecanismos e as razões dessas campanhas, dessa invenção da história e dessa fabricação de heróis. Detenho-me apenas nalgumas narrativas ou confissões de pessoas que, estando situadas ideologicamente do lado dessas campanhas, se sentiram suficientemente libertas de pressões para poderem falar verdade.

Na minha primeira deslocação à Ilha de Santiago, por razões profissionais, surpreendi-me ao encontrar uma brochura[73] dedicada ao Concelho do Tarrafal, da autoria do Jornalista José Tavares Gomes, onde este reclamava contra esta lenda negra. Insurgia-se em particular contra o autor da obra "Tarrafal Aldeia da Morte" por este ter escrito que Tarrafal de Santiago é o pior dos piores lugares da Ilha. "Nada mais erróneo", exclama José Gomes, Tarrafal é "o melhor dos melhores lugares da melhor ilha". Ele concede de barato que se tratava de um cárcere nazi, com todos os requintes para torturar presos, mas que o local fosse mau, isso nunca. Seria isolado,

---

[73]José Tavares Gomes, *Tarrafal, a história, a terra, as gentes*. Secretariado Administrativo do Tarrafal, Tarrafal,1989.

isso sim, mas desde que ficou ligado por estrada com a Capital, tornou-se no destino preferido para férias ou fins-de-semana da burguesia da Praia que procura desfrutar da melhor e mais bela praia de Santiago.

Michel Laban, investigador das literaturas africanas de língua portuguesa, publicou várias entrevistas com autores lusófonos. Na entrevista com Uanhenga Xitu[74], nome Kinbundu de Agostinho André Mendes de Carvalho, escritor e militante do MPLA[75] que exerceu funções no governo angolano após a independência deste território, este revela: "Quanto ao Tarrafal, ajudou-me muito. Ajudou-me porque eu vivia num mundo só da prisão, um lugar pequenino, um circuito onde idealizei o meu mundo. A única perturbação era o polícia... Ajudou-me muito a reflectir sobre o homem e suas ambições por uma África e por uma Angola. E também estávamos juntos, tinha o calor de alguns amigos que me pudessem encorajar – isso sob o ponto de vista literário."[76]

Na entrevista com António Jacinto, poeta e militante do MPLA que foi Ministro da Cultura do governo angolano de 1975 a 1978, este diz-nos que muitos dos seus poemas "são escritos no Tarrafal, num mundo muito fechado, também, concentracionário, longe das realidades da terra, com outra realidade, deixados influir, também, pelo ambiente cabo-verdiano: vão-se lendo novas obras de autores cabo-verdianos e vai-se compreendendo o ambiente que dita essa literatura cabo-verdiana."[77]

Domingos Van-Dúnem, jornalista, escritor e militante do MPLA que também desempenhou altos cargos em Angola após a independência é também entrevistado por Laban e lembra: "Fui preso isoladamente. (...) Teria caído em Cabo Verde [Tarrafal]– o que intelectualmente seria maravilhoso – passe o termo. Ali, sempre permitiam ler, estudar, produzir livros."[78] Mas Domingos foi levado para a "Baía dos Tigres, os presos políticos – e eu fui dos primeiros a lá chegar numa leva de treze – trabalhavam em empresas económicas, com salário baixíssimo, ao abrigo da lei do indigenato que marcava o esclavagismo. (...) Instalaram-me, passe o termo, numa casa de três quartos, apenas com uma janela para o interior do quintal que era de grandes paredões. Uma autêntica fortaleza." (..) Mas, apesar de tantas medidas de segurança, sempre me ia encontrando com os companheiros."[79]

---

[74]Michel Laban, *Angola. Encontro com escritores. I Volume.* Fundação Engenheiro António de Almeida, Porto, s.d.

[75]Movimento Popular de Libertação de Angola.

[76]Michel Laban, *Op. Cit.* pag.130.

[77]Michel Laban, *Op. Cit.* pag. 131.

[78]Michel Laban, *Op. Cit.* pag. 210.

[79]Michel Laban, *Op. Cit.* pag. 212.

Ler, estudar, escrever poesia e literatura, idealizar o mundo, compreender a literatura cabo-verdiana, no calor de amigos, tudo bem, mas... no Tarrafal? No Tarrafal intelectualmente maravilhoso (passe o termo), que ajudou a reflectir? Esclavagismo em que o prisioneiro pode trabalhar e receber salário, ainda que baixo? Prisão numa casa com três quartos e janela?

Mas as surpresas continuam, pois Domingos Van-Dúnem consegue "voltar para Luanda, mas ainda em liberdade condicional. Retomei o meu lugar de modesto funcionário apesar de a cooperativa garantir-me uma situação melhor"... "Volto novamente aos jornais, assinando uma página semanal duma revista de espectáculos." E, espanto dos espantos, "Surge o primeiro aliciamento das autoridades com um convite para dirigir um organismo de espectáculos e cultura popular, a criar. Vencimento chorudo com regalias e privilégios."[80]

O cárcere do Tarrafal funcionou inicialmente de 1936 a 1954. De 1962 a 1974 existiu como Campo de Trabalho de Chão Bom (CTCB). Ao longo desses 30 anos terá recebido cerca de 570 presos, a maioria dos quais oriundos da metrópole portuguesa e nem todos os que lá se encontravam tinham cometido delitos de natureza política. Segundo os registos existentes, faleceram, durante a primeira fase, 34 detidos originários da metrópole portuguesa. Na segunda fase morreram 3 de Angola e 2 da Guiné. É desconhecido o impacto provocado por epidemias de tifo e também pela ocorrência da malária na Ilha de Santiago no número total de óbitos, mas sabe-se que esse impacto existiu. É igualmente desconhecida qualquer comparação entre os índices de mortalidade ocorridos dentro do cárcere e os que se verificavam em Santiago, mas o conhecimento desses dados é indispensável para uma análise objectiva.

As prisões não são construídas para serem locais aprazíveis nem ninguém gosta de estar preso, mas os presos devem ser respeitados e tratados com dignidade no contexto cultural em que a prisão se insere. É apenas isso que está em causa nesta questão do Tarrafal.

Há dois anos atrás o escritor e jornalista cabo-verdiano José Vicente Lopes publicou uma obra[81] em dois volumes, intitulada "Tarrafal – Chão Bom, memórias e verdades". Trata-se de um notável trabalho baseado na investigação dos arquivos e na entrevista de dezenas de antigos prisioneiros. Vicente Lopes não desmonta a narrativa "oficial" sobre o "campo da morte", nem questiona a coerência de muitas entrevistas com a

---

[80]Michel Laban, *Op. Cit.* pag. 214.

[81]José Vicente Lopes, *Tarrafal – Chão Bom. Memórias e Verdades. 2 Vols.* Instituto da Investigação e do Património Culturais, Praia, 2010.

dita narrativa, mas evidencia uma invulgar seriedade intelectual ao não rejeitar os factos que a contrariam. Bastou isso para que o livro se tornasse fortemente incómodo para os poderes instituídos.

Noticiado na imprensa portuguesa e nalguma dos outros países lusófonos, o livro não aparece em lado nenhum, tornou-se virtualmente inexistente. Diz Vicente Lopes, com inteira razão, que passados 35 anos já não deviam existir motivos para não enfrentar os factos históricos. Mas não são poucas as mistificações e estão enredadas numa pesada teia que os interesses instituídos não estão interessados em desvendar.

Através de Vicente Lopes é possível saber que o Tarrafal, tendo sido encerrado a 1 de Maio de 1974, voltou a abrir em Dezembro desse ano, ainda sob administração portuguesa, agora para receber 70 prisioneiros adversários do PAIGC[82], na sua maioria afectos à UDC[83] e à UPICV[84], sobre os quais recaía a grave acusação de "se haverem oposto por todos os meios ao processo de descolonização". Só após a independência de Cabo Verde as instalações do Tarrafal deixaram de funcionar como prisão, no entanto as suas instalações foram aproveitadas, sucessivamente, como quartel militar e centro de formação de mancebos, escola primária e armazém de produtos vários. Depois disso foi encerrado, classificado como Património Nacional da República de Cabo Verde, existindo projectos para aproveitamento futuro das instalações.

Eduardo Vieira Fontes, cabo-verdiano e director do Tarrafal, estranha, num dos relatórios analisados, que a bagagem que acompanhava uma leva de angolanos fosse de volume exagerado. Foi-lhes permitido serem portadores de "apreciável número de livros e revistas, vendo-se entre estes exemplares da "Seara Nova[85]". Assim se compreende o ambiente intelectual criado na prisão. Alguns desses angolanos conseguiram obter o "habeas corpus" junto do Supremo Tribunal de Justiça em Lisboa, pelo que de imediato saíram do Tarrafal.

Para alguns dos detidos, como foi o caso de Sachicuenda, o Tarrafal acabou por ser uma "escola muito grande"[86] de vida. A solidariedade entre os vários presos propiciava um ambiente "muito bom mesmo".

Segundo o relato de Vicente Lopes, as condições da prisão foram melhorando ao longo do tempo e a famigerada "frigideira", que nenhum dos visitantes actuais consegue observar, situava-se no exterior do campo, foi

---

[82]Partido Africano da Independência da Guiné e Cabo Verde.
[83]União Democrática Cabo-Verdiana.
[84]União do Povo das Ilhas de Cabo Verde.
[85]Revista de doutrinação ideológica contrária ao Estado Novo.
[86]José Vicente Lopes, *Op. Cit.* pag. 43.

encerrada antes de 1954 e posteriormente demolida. Tratava-se de um "cubículo de cimento armado coberto de chapa metálica, com cinco metros de comprimento e quatro de largura (…)."[87]. Neste caso, como em muitos outros, o termo "frigideira" é utilizado com grande liberalidade e imaginação. Frigideira a sério, como pude observar na prisão sul-africana de Robben Island, não dispõe de uma área de 20 metros quadrados, não contempla o cimento armado, nem permite, sequer, que o prisioneiro esteja de pé.

De entre os episódios inimagináveis que esta obra revela, refiro o da entrada no Tarrafal de um grupo de cabo-verdianos da ilha de Santo Antão liderados por Lineu Miranda. Foram recebidos pelo Director que lhes propôs a reeducação segundo os valores da portugalidade. De seguida passaram para a refeição: "por mais incrível que pareça serviram-nos lagosta. Toda a gente ficou de boca aberta"[88]. Noutra circunstância e após uma visita ao Chão Bom do Ministro Adriano Moreira, que teve lugar em Setembro de 1962, os prisioneiros passaram a poder jogar futebol e a ter acesso à praia, para banhos, todos os fins-de-semana[89] durante a época mais quente. É mesmo de ficar de boca aberta!

No período do Campo de Trabalho estava previsto que o prisioneiro trabalhasse. Esse trabalho chegou a ser remunerado e, em 1969, três guineenses, ao serem libertados tinham "conseguido amealhar, cada um, acima de 3 mil escudos, na época, o equivalente a três meses de salários de um guarda auxiliar do CTCB".[90]

Quanto aos alegados maus tratos, e tendo em conta que o regime vivido durante a primeira fase foi mais severo, assinala-se o testemunho de André Franco de Sousa, um dos fundadores do MPLA, a propósito do tratamento dado ao seu companheiro António Pedro Benge, que chegara doente de Angola e acabara por ser transferido para Lisboa, onde veio a falecer: "E chocou-me", confessa, "quando vi pessoas que estavam lá na cadeia, dizerem, sobretudo depois do 25 de Abril e da independência, que o Benge foi maltratado. É chocante. Como é chocante dizer-se que fomos maltratados. Pelo menos enquanto lá estive é pura mentira"[91].

Talvez a revelação mais "chocante" para os partidários da lenda negra anti-portuguesa seja o relato de duas visitas de representantes da Cruz Vermelha Internacional, que tiveram lugar em Fevereiro de 1969 e em Novembro de 1971. No decurso da primeira visita os delegados puderam

[87]José Vicente Lopes, *Op. Cit.* pag. 14.
[88]José Vicente Lopes, *Op. Cit.* pag. 67.
[89]José Vicente Lopes, *Op. Cit.* pag. 81.
[90]José Vicente Lopes, *Op. Cit.* pag. 91.
[91]José Vicente Lopes, *Op. Cit.* pag. 92 e 93.

constatar que a população prisional era de 66 prisioneiros, possuindo o Tarrafal capacidade para albergar 100. Visitaram as casernas, onde puderam observar que os colchões eram de molas, a alimentação, que o Dr. Wept classificou de "excelente"[92], a "excelente condição física"[93] dos prisioneiros, cujo estado psicológico era igualmente "muito bom"[94]. A segunda visita correu ainda melhor para as autoridades portuguesas: "as idas semanais ao mar dos presos, as sessões de cinema, a biblioteca (agora com pouco mais de meio milhar de volumes), as consultas ao hospital da Praia, a possibilidade de estudar e fazer exames, fora outras regalias, isso tudo levou um dos delegados a comentar que o CTCB "não era uma prisão mas um paraíso"[95]. Já tinham visitado prisões em quase todo o mundo e "em nenhuma encontraram presos com tão bom aspecto como aqueles"[96].

O ambiente de confiança entre presos e guardas chegou a proporcionar uma situação verdadeiramente anedótica. Um dos guardas auxiliares do CTCB encarregado de acompanhar os presos guineenses à praia, não gostava de carregar com o peso da espingarda Mauser. Sabendo disso, os guineenses pediam-lhe para ele levar sempre a espingarda e explicavam: "Nós não te vamos fazer nada, mas vem armado, só assim sentimos que estamos presos realmente"[97].

Quando alguns dos prisioneiros regressaram às suas origens, ficaram chocados com o ambiente de desconfiança com que eram recebidos. Os aparelhos partidários receavam a "contaminação" ideológica por acção do colonizador e lançavam uma cortina de suspeita. Quando o Tarrafal fechou as suas portas, as velhas solidariedades estavam desfeitas. Uns, como no caso dos angolanos do MPLA e da UNITA, continuaram a confrontar-se pelas armas, outros foram vítimas de clivagens ideológicas ou de lutas intestinas pelo poder. Foram reduzidos ao silêncio ou aprisionados. Mas essas prisões já não preocupavam os "humanistas" que tanto apregoavam o sofrimento dos povos coloniais, e só as grandes potências conseguem movimentar comissões da ONU ou da Cruz Vermelha Internacional, de acordo com os seus interesses. As carnificinas que então, finalmente, ocorreram na Guiné, Angola, Moçambique e Timor aguardam ainda quem as queira olhar com objectividade.

---

[92] José Vicente Lopes, *Op. Cit.* pag. 104.

[93] José Vicente Lopes, *Op. Cit.* pag. 104.

[94] José Vicente Lopes, *Op. Cit.* pag. 104.

[95] José Vicente Lopes, *Op. Cit.* pag. 106.

[96] José Vicente Lopes, *Op. Cit.* pag. 106.

[97] José Vicente Lopes, *Op. Cit.* pag. 118.

JÜNGER E O PASSO DA FLORESTA
João Franco

Moeller van der Bruck definiu o liberalismo como doença terminal dos povos e defendia o papel da Rússia enquanto baluarte anti-liberal. A recente eleição de Vladimir Putin para presidente da Federação Russa, depois da grande aventura anti-liberal comunista do século XX e do feudalismo, vem confirmá-lo.

A Europa, à excepção da Rússia, é sem dúvida presa do liberalismo, muito embora renasçam por toda a parte, com diferentes graus de intensidade, os movimentos anti-liberais hierarquizantes. É paradoxal o estatuto português. Enquanto por um lado, o liberalismo governa, por outro lado, subsistem sem sombra de dúvida, poderosas forças anti-liberais, mas de carácter comunista, que continuam, apesar de mais de vinte anos terem decorrido após a queda do Muro de Berlim, a granjear simpatia por parte de uma vasta quantidade de portugueses, numa altura em que no resto do mundo os últimos resquícios do comunismo são definitivamente desbaratados. O próprio Fidel Castro já veio reconhecer as falhas do sistema comunista e a República Popular da China, onde as multinacionais e o capitalismo selvagem mandam e os membros do Politburo acumulam imensas fortunas, há muito tempo que só é comunista de nome, embora seja sem sombra de dúvidas anti-liberal.

O comunismo construiu um sistema anti-liberal, é certo. Contudo, este anti-liberalismo, totalitário e igualitário é o sistema mais castrador do ser humano que o mundo já viu. Ninguém deseja viver sob o seu jugo voluntariamente, por muito tempo. Recordemos o caso paradigmático das quintas colectivas de Israel, os *kibbutz*. A pouco e pouco, os seus membros foram decidindo por votação terminar com a propriedade colectiva dos meios de produção e esta aventura, ainda que com aspectos interessantes, começou a chegar ao seu fim. A propriedade não é um roubo, como dizia Proudhon. O apego a posses constitui uma característica inata do ser humano, especialmente à terra, e mesmo projectos socialistas como a República Social Italiana de Mussolini, reconheciam-na.

Ernst Jünger, intelectual multi-facetado, soldado condecorado da Iª Guerra Mundial, ocupante de Paris na 2ª, escritor e ensaísta de renome, crítico feroz do mecanicismo, defensor da Tradição, protagonizou a Revolução Conservadora na Alemanha, ao lado de nomes como Spengler, Moeller van der Bruck, Klages e Ernst Niekish, com o seu nacional-bolchevismo.

Apesar das suas diferenças, outro grande pensador da Tradição foi o italiano Julius Evola. Neles surge em paralelo o culto da Tradição e da elite ou do homem superior, o que implica uma hierarquia.

Com a sua obra de 1951, *Der Waldgang*, traduzida para português com o nome de *O passo da floresta,* Jünger deu a conhecer uma nova figura, o Desterrado. Se nas suas primeiras obras Jünger tinha destacado a figura do soldado, ainda que de modo autobiográfico, em *Eumeswil*, introduz a figura do anarca e no ensaio *O Trabalhador*, a figura que porta o mesmo nome. O anarca é o contraponto do anarquista. Enquanto o anarquista despreza a autoridade, o anarca tem uma necessidade básica dela.[98]

O Trabalhador, ensaio escrito em 1931-1932, foi uma tentativa de resposta à mundividência marxista e liberal. Contudo, Jünger nunca foi nacional-socialista. Sempre foi um pouco o *outsider*, do Terceiro Reich. Valeu-lhe a complacência de Hitler, face a outras figuras nacional-socialistas, pois o líder máximo do Reich tinha admiração por este herói da Iª Guerra Mundial.

Como escreve Alexandre Franco de Sá na sua introdução à edição portuguesa da obra: "*Na era burguesa da civilização, a realidade essencial da vontade de poder parece não estar presente. Com esta ausência, o homem ganha segurança, conquista-se como indivíduo, detentor de uma liberdade abstracta, desvinculado de laços que o aprisionem. Deste modo,*

---

[98]Ver JÜNGER, Ernst, *Eumeswil*, 1ª ed, Lisboa, Editora Ulisseia, s/d.

a era burguesa consiste necessariamente na atribuição ao trabalho e à técnica de um carácter que não é o seu. O trabalho aparece aqui como mau, como o tributo doloroso a pagar à vida pela subsistência individual, como um mal necessário de cujo peso o homem, tanto quanto possível, se deseja ir progressivamente livrando." [99] Quão grande verdade nesta era mecanizada, e em que se exalta mais do que nunca o ócio em detrimento do trabalho, e em que muitos querem usar de todos os subterfúgios para viver sem trabalhar. No nosso país ainda estão na memória dos mais velhos o refrão, de outros tempos, quiçá mais elevados: "Quem não trabalha não come!", e os cartazes de propaganda onde surgiam os cavadores de enxada na mão, os músculos retesados, a testa perlada de suor ou os operários, de macacão azul e possante musculatura, empunhando um martelo ou brandindo um machado.

N' *O Passo da Floresta* Jünger confirma: *"Vivemos na era do Trabalhador; uma tese que se foi tornando, entretanto, mais clara. O passo da floresta cria no interior desta ordem o movimento, que a separa das formações zoológicas. Não é nem um acto liberal, nem romântico, mas o espaço de manobra das pequenas elites, que sabem tanto o que a época lhes pede, como conhecem ainda outras exigências."* [100]

Jünger desvaloriza as relações numéricas, o que pode levar-nos a conjecturar sobre o que pensaria Jünger da democracia, valorizando tal como Evola, as pequenas elites, a que podemos chamar lobos ocultos no meio dos rebanhos.

Defensor do homem superior livre e independente, que já idealizara na figura do anarca, critica duramente o excesso de confiança que os animais de rebanho têm no sistema, que julgam que em todas as circunstâncias lhes garantirá comida e bebida, abrigo e segurança ou até dinheiro, no fundo a excessiva domesticação do ser humano, que lhe retira muita dignidade em troca do conforto em que vive: *"O ser humano tende a confiar no aparelho político ou ainda a submeter-se-lhe, quando devia haurir das suas próprias fontes. O que é uma falha em imaginação. Ele tem de conhecer os pontos nos quais não pode deixar que a sua decisão soberana seja negociada. Enquanto as coisas estiverem em ordem, a água estará canalizada e a corrente eléctrica ligada. Se a vida e a propriedade forem ameaçadas, um grito de alarme fará afluir magicamente Bombeiros e Polícia. O grande perigo está em que o ser humano conta em excesso com estas ajudas e fica desamparado quando elas lhe faltam. Todo o conforto*

---

[99] FRANCO DE SÁ, Alexandre, *Uma confrontação com Ernst Jünger, in* JÜNGER, Ernst, *O Trabalhador, domínio e figura*, 1ªed., Lisboa, Hugin, 2000 p. 31.
[100] JÜNGER, Ernst, *O passo da floresta*, 1ªed, Lisboa, Cotovia, 1995, p. 23.

tem de ser pago. A situação do animal doméstico arrasta atrás de si a do animal de abate".[101] Jünger usa uma imagem curiosa, comparando a sociedade moderna ao Titanic, expoente máximo do mecanicismo e do luxo, onde a vertigem da velocidade faz esquecer tudo o resto, até de que estamos a ser despojados da nossa liberdade e conduzidos como num comboio desgovernado, sabe-se lá para onde. Só quando como o Titanic, chocarmos com um *iceberg* despertaremos para a realidade.

Mais adiante no livro, Jünger afirma: *"O medo pertence aos sintomas da nossa época"*[102], lançando mais uma acha para a fogueira onde se realizará o auto-de-fé da sociedade moderna, desvirilizada e igualitária, nivelando tudo pelo mínimo denominador comum e exaltando o grotesco e o degenerado. Não se trata aqui do terror nuclear, que surgiu na segunda metade do século XX nem de nada parecido, nem de um qualquer medo milenarista, mas sim de um alastrar da cobardia, de uma falta de espinha dorsal que anda já de mão dada com a infâmia.

"Reconheceremos que quase todos estes homens e mulheres são tomados por um pânico, que entre nós se tornara desconhecido desde a Idade Média. Havemos de observar que eles se precipitam no seu medo, com uma espécie de obsessão, cujos sintomas promovem às claras e sem vergonha. Assiste-se a uma competição entre os espíritos, que discutem sobre se seria melhor fugir, esconder-se ou cometer suicídio e que pensam já, vivendo em plena liberdade, por que meios e astúcias poderiam ganhar o favor da canalha, se ela chegar ao poder. E pressentimos com horror que, se for preciso, não há nenhuma infâmia em que eles não consentissem, quando lhes fosse pedida. Entre eles vemos homens fortes, saudáveis, talhados para atletas. Perguntamo-nos para que lhes serve fazer desporto".[103] A infâmia e a cobardia do nosso tempo desvirilizado eram sem dúvida totalmente contrárias ao carácter heróico e guerreiro de Jünger. Mas Jünger diz mais: *"O pânico crescente que hoje em dia observamos é já a expressão de um espírito consumido, de um nihilismo passivo, que desencadeia o nihilismo activo."* [104] O nihilismo activo avançaria através do anarquismo ou do socialismo destruindo os valores existentes para instalar novos valores, negando que a vida deve ser regida por padrões morais. Pelo contrário, o nihilismo activo dirige-se para a destruição da moral, mas após essa destruição a vida perde o seu sentido, fica desprovida de objectivos. Ao nihilista activo a vida torna-se

---

[101] Idem, p. 31.
[102] Idem, p. 34
[103] Idem, pp.35, 36.
[104] Idem, p. 94.

desprovida de qualquer sentido e a própria existência cai no absurdo, só lhe restando esperar pela morte ou até provocá-la.

Face a este panorama, para Jünger o lugar da liberdade chama-se floresta, onde uma pequena parte da população, uma elite, pode refugiar-se. "(...)*apenas uma fracção da grande massa humana é capaz de desafiar as potentes ficções da época e a ameaça que elas irradiam*".[105] Para Ernst Jünger, "*a doutrina da floresta é como a história humana, antiquíssima, talvez até mais antiga do que ela. Encontra-se já nos documentos veneráveis, que nós ainda hoje só parcialmente sabemos decifrar. Ela constitui o tema das histórias de encantar, das lendas, dos textos sagrados e dos mistérios. (...) Eis o jardim do Éden, eis as vinhas, os lírios, os grãos de trigo das parábolas cristãs. Eis o bosque das histórias de encantar com os seus lobos devoradores de homens, com as bruxas e os gigantes, mas também onde se encontra o bom caçador, os valados de rosas da Bela Adormecida, em cuja sombra o tempo pára. Eis as florestas germânicas e celtas, como o Bosque de Esmalte, no qual os heróis subjugam a morte, e, ainda o Jardim das Oliveiras.*[106]*Face à verde floresta, o deserto cresce e mais uma vez Jünger realça o valor da independência onde cada vez menos neste mundo os homens sabem bastar-se a si próprios: "*qualquer que seja a opinião que se nutra acerca deste mundo das Caixas de Previdência, dos Seguros, das fábricas farmacêuticas e dos especialistas: mais forte é aquele que pode renunciar a tudo isso.*"[107]

Nas florestas está a antiga liberdade. Quem se desterra na floresta não pertence àqueles que correm para o advogado enquanto a mãe deles está a ser violada e cujo número parece estar em expansão na sociedade hodierna. Mas afinal onde fica a floresta, essa lugar de fertilidade mágica? A floresta é omnipresente. Está nos vastos espaços, como nas grandes cidades, onde o Desterrado vive oculto ou sob a máscara das profissões. O desterrado aplica-se a espiar, a sabotar, a difundir informações entre a população, usa os meios ao seu alcance e os métodos que lhe são mais vantajosos. O desterrado não dispõe de grandes meios de luta. Por isso actua nas rectaguardas do inimigo. Bem pensadas, as suas acções podem levar o adversário à paralisia e fazer aumentar o número dos que abandonam o rebanho para se instalarem no covil do lobo.

Salvaguardando as devidas distâncias podemos considerar *O passo da floresta* como o contraponto Tradicionalista à obra *Que fazer?* de Lenine, sob uma forma alegórica. Surge n'*O Passo da Floresta* algo do espírito do

---

[105]Idem, p. 41

[106]JÜNGER, Ernst, *O passo da floresta*, 1°ed. Lisboa, Cotovia, 1995, p. 51, 52.

[107]Idem, p. 71.

lobo, animal que está nos antípodas dos animais de rebanho e que é considerado em geral como um animal criminoso. Ao contemplarmos o lobo vemos bem de quanta dignidade o cão abdicou em troca de uma malga de ossos. Em Jünger o criminoso surge como potencial elemento da liberdade. É natural que quem se opõe às grandes correntes da história, surja diabolizado como criminoso ou mesmo proscrito. Daí a figura do Desterrado. Antigamente os dissidentes e criminosos eram desterrados para terras longínquas e em paisagens inóspitas muitos deles sobreviviam, devido à sua independência. Há aqui um paralelismo com Nietzche, que afirmou que o criminoso é o tipo do homem superior colocado em circusnstâncias desfavoráveis. Ao homem superior só bastam os vastos horizontes ou a imensidão dos mares.

Sendo Tradicionalista, Jünger retoma outros temas caros a essa corrente de pensamento como a defesa da propriedade e a crítica das expropriações e reformas agrárias: *"Como se sabe, o sentimento fundamental da nossa época é hostil para com a propriedade e a tendência é para a atacar, mesmo no caso em que é prejudicado, não só que sofre o atentado, mas toda a gente. Vemos campos, que alimentaram trinta gerações de possuidores e rendeiros, serem despedaçados de uma maneira que a todos deixa na indigência."*[108]

Apesar do panorama traçado por Jünger ser desolador ou até cruel à lupa do politicamente correcto, ele deixa-nos a esperança de uma nova vitalidade que emergirá das ruínas. *"A cor grisalha, o empoeirado só adere à superfície. Quem escava mais fundo, alcança em qualquer deserto a camada que conduz às fontes. E com a água sobe à superfície uma nova fertilidade."*[109] E podemos acrescentar que com essa fertilidade poderá nascer sem dúvida uma floresta onde agora só há deserto.

---

[108]Idem, p. 88.
[109]Idem, p. 97.

MEHR LICHT
Júlio Mendes Rodrigo

Gestaltung, Umgestaltung,
Des ew'gen Sinnes ew'ge Unterhaltung.
(Goethe)

Para um estudioso da História Comparada das Religiões como Mircea Eliade, os Mitos, são compreendidos como um conjunto de narrativas exemplares cuja missão principal é a de fornecer e estabelecer directrizes, bem como coordenadas das diversas acções humanas. Assim, para este autor, o Mito é um elemento vivo, uma vez que é operacionalizado de forma prática no quotidiano do ser humano.

Nesta perspectiva, e ainda de acordo com o erudito romeno, os mitos representam acontecimentos que remontam a tempos primordiais (*in illo tempore*); consequentemente, em função destes, o ser humano e o cosmos, alcançam o seu actual estado de devir. Assim, à luz desta perspectiva, conseguimos compreender a irrupção de manifestações de cunho sagrado ou sobrenatural no mundo profano. Os mitos na sua génese encontram-se intrinsecamente ligados às necessidades religiosas, às aspirações morais, bem como ainda às pressões e imperativos de cariz social. Relativamente à função dos mitos, de acordo com a visão de Eliade, poderemos sintetizar que os mesmos representam uma história sagrada, detentora de verdades, reveladora, significante e primordial, com o intuito de explicar o início de determinada ocorrência e o modo como efectivamente funcionam os factos, fornecendo modelos para a conduta humana, bem como ainda, significado e valor à existência.

Um dos mitos mais importantes do Ocidente é sem sombra de dúvida, a lenda de Fausto. Nesta figura, e de acordo com Harold Bloom, a religião do Eu, encontra o seu monumento mais sublime. Esta figura, no entender

deste estudioso, recua até às origens da heresia cristã, mais concretamente até à figura daquele que terá sido o primeiro gnóstico, Simão Magus de Samaria. Em Roma adopta o nome de Faustus, «*o favorecido*». Esta personagem também é conhecida através de um episódio bastante curioso. Em Tiro, conhece uma prostituta, de seu nome Helena, que ele anuncia como o Pensamento de Deus caído em Pecado, tendo sido a própria Helena de Tróia uma das suas reencarnações prévias. Encontramos neste episódio, a origem remota da lenda de Fausto, nome a que posteriormente foi associado um verdadeiro Georg ou Johann Faust, vigarista e astrólogo errante, falecido em 1540.

O primitivo *Volksbuch,* com a narrativa de Fausto (1587) contém os episódios explorados posteriormente por Christopher Marlowe em *Doutor Fausto* (1593) e depois por tantos outros, que ocuparam milhares de belas páginas da história da literatura ocidental. Curiosamente, tanto as versões populares, bem como as poéticas, mostram uma tendência inicial de associar Fausto com o herói libertino Don Juan. Ambos procuram o conhecimento oculto, esotérico e sexual, ambos passam por sucessivas desilusões eróticas e ambos progridem através do desejo e do excesso até à condenação. Podemos afirmar que, a civilização ocidental não lograria existir sem os dois mitos referidos anteriormente. Embora ambos possuam percursos distintos, a sua raiz mítica confunde-se num mesmo terreno de sedimentação cultural, em que permanece a marca de uma incompletude. Incompletude fatídica que no entender de Gilbert Durand, se pode chamar de «*catastrophe métaphysique, qui scandent les grands moments de la pensée occidentale et l'éloignent irréductiblement d'une pensée restée fidèle à son «orient» imaginaire : ockhamisme, puis cartésianisme ouvrant l'ère de «lumières», enfin hypostase de l'histoire et de l'infrastructure économique parachevant le grand tournant métaphysique où l'Occident a choisi son destin faustien.*»

Com estes mitos modernos, Don Juan e Fausto, aos quais podemos acrescentar Hamlet, atingimos, como nos refere Luc Benoist, " *uma linha de demarcação que separa o sagrado da subversão e da necromancia. Pois todas estas três histórias se encontram marcadas pelo satânico século XVI que viu surgir a sua primeira versão.*"

Tendo frequentado em Cracóvia cursos de "*alta ciência*", Fausto, ficou famoso pelo facto de saber evocar os demónios, bem como pela autoria de um tratado de Magia Negra, no qual fala das suas relações com um dos sete príncipes infernais, Mefistófeles, cujo nome é a combinação dos de Hermes Trimegisto e do anjo de Saturno (*tris magistos Ophiël*).

Enquanto arquétipo heróico, Fausto, reúne a principal característica, que o estilista francês Yves Saint-Laurent, na sua despedida do mundo da moda e também da Vida, nos referia como *"aqueles que pertencem à estirpe de homens nervosos... à semelhança de Marcel Proust"*. Fausto carrega consigo uma neurastenia erudita e melancólica, típica daqueles que transportam dentro de si a *bílis negra*.

Para Malinowski, tanto a magia como a religião surgem em ocasiões de crise emocional. Neste sentido podemos compreender o seu interesse por matérias mais arcanas, tão bem retratado por Goethe na cena *"Nacht"*, onde somos colocados na presença de um Fausto, que de forma simbólica nos remete para as trevas que submergem o seu espírito.

Assentemos âncoras, à guisa de conclusão, na companhia do homem Renascentista. Neste período fértil e obviamente pejado de paradoxos, o Homem, vive perdido num Universo que progressivamente se foi descobrindo na sua imensidão e na sua infinitude. Este é, certamente, um Homem fragilizado devido à mudança de paradigma que rompeu com o teocentrismo medieval, mas simultaneamente encantado com o poder que em si próprio intui ou que a si mesmo se atribui.

Claro está, que este *encantamento*, por parte do Homem Renascentista, ainda não consistia no deslumbramento sentido perante um Universo totalmente aberto numa transparência descodificada. Caracteriza antes sim, um penetrar titubeante nos segredos do Mistério e nas profundezas do Oculto. Este não é, ainda, o Homem da mentalidade técnica detentor de um pensamento *"sub specie machinae"*. Ou seja, a sua vontade de Poder e de Desejo de domínio e progressiva conquista da inteligibilidade do Homem, da Natureza e da Sociedade, encontram-se ainda, alicerçados na Magia.

Como figura arquetípica deste período temos Fausto. Mas, este, não é apenas o homem do poder da Magia. É também, e sobretudo, o homem que, dominando o poder da Magia acaba também por ceder à tentação da Magia pelo Poder. Dá-se então início à transferência de uma concepção mágica da Realidade Natural para a Realidade sociopolítica. O exercício de Poder na sociedade humana é concebido por Maquiavel em moldes idênticos aos que Paracelso havia concebido para o exercício da Magia sobre os Elementos Naturais.

Encontravam-se semeados os alicerces basilares da ponte entre o Renascimento e a Modernidade que permitirão o triunfo de Galileu e Descartes. Entramos na antecâmara da Era em que o mundo das imagens inconscientes, enquanto matriz da imaginação criadora de mitos, como tão bem nos elucidou Jung, se encontra divorciado do Homem mercê da sua submissão aos cânones do Racionalismo.

A Última
Cultura
Finis
Mundi

Bibliografia

ANDRÉ, João Maria – *Renascimento e Modernidade ; do poder da magia á magia do poder*. Coimbra: Livraria Minerva, 1987.

BENOIST, Luc – *Signos, Símbolos e Mitos*. Lisboa: Edições 70, 1999.

BLOOM, Harold – *O Cânone Ocidental*. Lisboa: Temas e Debates, 2011.

CENTENO, Yvette K – Literatura e Alquimia. Lisboa: Editorial. Presença, 1987.

DURAND, Gilbert –*Science d l'homme et tradition*. Paris:1980.

MALINOWSKI, Bronislaw – *Magia, Ciência e Religião*. Lisboa: Edições 70, 1988.

ROUSSET, J – *Le Mythe de Don Juan*. Paris: Armand Colin, 1978.

BRAIN DAMAGE
Rui Baptista

Mesmo para um aficionado por cinema de terror dos anos 80, por muito que se tente, é literalmente impossível ter conhecimento de tudo o que foi produzido nessa época. E se olharmos para toda a história do cinema de terror, então a tarefa revela-se ainda mais colossal.

Embora Frank Henenlotter seja mais conhecido pelo filme *Basket Case* (1982), foi com *Brain Damage* que o realizador atingiu o patamar mais elevado da sua carreira.

Brain Damage uma simbiose perversa entre um rapaz de Nova Iorque que aceita se o novo hospedeiro de um "parasita ancestral" – a imagem ao lado valerá mais que qualquer descrição por escrito.

"It's simple, he takes the brains, I take the juice." ("É simples, ele fica com os cérebros, e eu com o sumo.") Explica Briam.

Mas as coisas não são assim tão simples. Aylmer, consegue um dia fugir do casal de idosos que o mantinham até então cativo, para se refugiar nas costas de Briam. O rapaz recebe um líquido azul que lhe é injectado no cérebro através da nuca e em troca recebe ainda uma grande "pedrada",

mas também uma enorme dependência nesta poderosa droga. Aylmer por sua vez delicia-se a comer cérebros humanos.

Surpreendentemente existe uma relação muito forte entre o filme e as drogas. Aliás, este surge num momento em que o mundo começava a ter uma maior consciencialização do problema. Embora a droga aqui seja irreal, os seus efeitos são muito semelhantes: dependência, isolamento, falta de vontade, alucinações… Contudo, talvez devido ao tom de humor negro, o filme não conseguiu transmitir a mensagem de "anti-droga". E talvez o realizador nunca tivesse tido intenção de transmitir qualquer que fosse a mensagem.

Um pormenor fantástico, uma sequência de sexo oral explícito, que nem o mais ousado dos realizadores de filmes para adultos se atreveria a fazer. Foi sobretudo devido a esta sequência que *Brain Damage* esteve durante muito tempo censurado. Henenlotter teve que optar por duas hipóteses: ou a versão censurada e aprovada pela Motion Pictures Association of América (MPAA) ou a classificação de filme para adultos. Como que se o realizador tivesse outra opção, a escolha caiu naturalmente sobre a primeira. A famosa sequência da "orelha" também foi cortada…

Devemos felicitar a Synapse Films que permitiu ao público desfrutar do filme em cópia restaurada e sem qualquer censura, nas edições em DVD em 1999 e em 2003, esta última numa edição limitada.

Quanto ao tão comentado tema homossexual, convém referir que pouco ou nada existe. Talvez apenas toda uma sequência de longos minutos que tem lugar no balneário público de um prédio. A câmara mostra-nos um homem alto, moreno musculado (e depilado) a tomar banho de chuveiro e a esfregar constantemente sabão pelo corpo. E para surpresa de todos, não parece minimamente incomodado com o facto de o nosso rapaz, apenas de toalha pela cintura, estar a olhar fixamente para ele…

Brain Damage é um bastante muito curioso e obrigatório para qualquer fã de cinema de terror. Todo ele é uma viagem surreal, a começar pelas atitudes de Briam a acabar com Aylmer que para além de falar fluentemente inglês, também canta!

A título de curiosidade, fica a advertência para um breve cameo de Kevin Van Hentenryck, Duane Bradley no filme Basket Case. Identifica-se indivíduo que carrega um cesto – *basket.* –

Realização: Frank Henenlotter; Argumento: Frank Henenlotter; Ano: 1988 (Estados Unidos)

FLORBELA
Anamarija Marinovi

Título do filme: Florbela
Género: drama
Elenco: Dalila Carmo
(Florbela Espanca), Albano
Jerónimo (Mário Lage),
Ivo Canelas (Apeles),
António Fonseca (João
Espanca), Carmen Santos
(Henriqueta)
Realização e argumento:
Vicente Alves do Ó
Produção Ukbar Filmes
Nos cinemas a partir de 8
de Março
Ante-estreia: 28 de
Fevereiro de 2012 cinema São Jorge

O ser artista, é ser mais alto, é ser maior do que os homens (...) e é amar-te assim tão perdidamente

Adaptado e modificado para as necessidades da arte no geral e não apenas para a poesia, o verso de Florbela Espanca parece ser o ideal para caracterizar o novo filme de Vicente Alves do Ó, a sua segunda longa-metragem, que depois dos *Quinze Pontos na Alma*, continua a preocupar-se com a condição feminina, elogiando as personalidades fortes e complexas de mulheres.

Este filme é mais do que uma biografia da famosa poetisa portuguesa, é uma homenagem a ela e a todas as mulheres não conformistas, que procuram o amor, a felicidade e a sua afirmação num mundo abundante em preconceitos e estereótipos. Num Portugal conservador, da época do fim da Primeira República, resistente a todo tipo de novidades, destaca-se uma mulher de calças, um cigarro numa mão e um copo de vinho noutra, com três casamentos e duas separações assumidas, que ainda por cima escreve versos numa localidade provinciana em que para a mulher é aceitável apenas ser uma esposa obediente e uma mãe devota, sem quaisquer perceptivas no plano profissional.

Com uma extraordinária qualidade das imagens e do som, com a história construída e desenvolvida de forma original e interessante, com a excelente actuação dos três atores principais e um argumento intrigante e excelente realização, *Florbela* é um filme capaz de marcar uma nova época na cinematografia portuguesa. Este filme é um filme que não intriga apenas os conhecedores e estudiosos da vida e obra de Florbela Espanca, narrando com intensidade e um lirismo profundo a complexa e comovedora relação entre a poetisa e o seu irmão Apeles. É uma obra artística que põe a tónica no lado humano da poetisa, sem a condenar pelos seus erros, e desmentindo as possíveis especulações sobre a natureza da relação entre ela e o irmão. Trata-se de um filme sobre a proximidade, o amor, o carinho, a ternura, a procura da felicidade e da realização pessoal, mas também é um filme sobre a perda e a dor, a criação poética e a crise artística. Não sendo um clássico filme com declamações dos poemas de Florbela, esta obra abre o caminho não apenas para um melhor conhecimento de um período na vida da poetisa (os quatro dias anteriores à morte do seu amado irmão Apeles), como representa o convite para o auto-conhecimento de cada um de nós. A reflexão sobre a felicidade (se ela se encontra ao virar da esquina ou há que buscá-la), sobre a dor ("tem que doer, se não doesse, não estaríamos vivos"), a (im)possibilidade de se encontrar o amor da sua vida, a (não) aceitação da morte, e o processo de libertação são os pontos mais fortes deste filme, que nos tocam a todos e que não deixam ninguém indiferente. Sem cair em clichés e na banalidade, o filme sobre a vida da poetisa dá uma visão sofisticada e sublime dos complexos e diversos sentimentos femininos e humanos, oferecendo elementos de catarse comparáveis aos das heroínas gregas da Antiguidade clássica.

As personagens estão construídas de forma a não se reduzirem aos típicos heróis dos filmes, profundas, vivas e autênticas, com as virtudes e fragilidades que as tornam ainda mais humanas e verídicas. No desenvolvimento de Florbela e do seu irmão nota-se uma sincera cumplicidade, uma profunda compreensão mútua, mesmo em silêncio como acontece no início do filme, a confiança e o apoio, que devem ser valorizados tanto no caso destas duas personalidades, como no caso de quaisquer outros irmãos.

Indirectamente o filme condena o medo de pensar dos Portugueses do tempo ditadura da Primeira República, como o medo geral de exprimir os próprios pensamentos e sentimentos.

Este filme é belo, emocionante, multifacetado e com certeza absoluta vale a pena ser visto.

Costuma-se dizer que "não há duas sem três", e o Entremuralhas confirmou este ano esse ditado popular. Depois de duas edições muito bem conseguidas, a terceira foi certamente a melhor e augura muito de bom para o futuro do melhor festival do género nas nossas paragens, e sem dúvida um dos melhores por essa Europa fora. A comprová-lo o crescente número de visitantes estrangeiros que começam a eleger o Castelo de Leiria como paragem obrigatória em Agosto de cada ano.

Com um equilíbrio bem conseguido entre número de dias do festival e número de bandas presentes em palco (talvez o ponto menos bem trabalhado nas edições anteriores), o Entremuralhas deste ano arrancou com a britânica Joe Quail e o seu violoncelo eléctrico, no belíssimo cenário da Igreja da Pena. E começou logo bem, com um momento de divertida descontracção, com Quail a descobrir que o motivo pelo qual não tinha som em palco (depois de alguns minutos a tentar perceber o que se passava) era que um instrumento eléctrico não funciona... se não estiver ligado à ficha. Um episódio anedótico, mas que serviu para quebrar o gelo e aliviar um pouco a tensão da estreia.

E em bom momento aconteceu, já que o visível nervosismo deu lugar a uma excelente actuação e uma muito agradável interacção com o público. Quail recorre a uma fórmula semelhante à de Matt Howden (que esteve

123

presente na edição anterior do festival) e com recurso a um sequenciador consegue montar camada após camada de sonoridades arrancadas ao violoncelo, construindo magníficas composições de uma complexidade invejável.

E o melhor de tudo é que resulta muitíssimo bem, principalmente nos momentos mais intensos e vibrantes - destaque particular para o tema que encerrou o concerto, novo e ainda sem título, que faz prever um futuro brilhante para o projecto. Foi uma actuação curta, dentro do que estava previsto, em que a simpatia de Quail foi por demais evidente, criando uma sintonia perfeita com o espírito do festival e de quem marcou presença. Uma abertura em grande!

Que infelizmente não teve uma continuidade à altura com os Stellamara. Não querendo ser mal interpretado, qualidade e virtuosismo são características que não faltam ao colectivo norte-americano, mas foi indisfarçável um sentimento de repetição nas músicas que nos apresentaram. Talvez devido a um alinhamento menos bem conseguido, ou a uma mistura de som algo desequilibrada (era difícil ouvir todos os instrumentos, por exemplo), mas o facto é que a actuação dos Stellamara não foi das mais consensuais.

De qualquer forma, a sonoridade inspirada nos Balcãs e Médio Oriente teve os seus momentos altos, com músicas bem conseguidas, a demonstrar (se preciso fosse) que há qualidade neste projecto. Talvez esta não fosse a noite ideal para a sua estreia em solo nacional, mas não se pode negar a frescura que trouxeram ao Palco Alma ao longo da sua actuação. Tivesse sido um pouco mais curta e talvez a imagem com que ficaríamos fosse melhor.

Mas a grande expectativa da noite estava centrada nos Rome, outra estreia no nosso país de um colectivo que tem vindo a cunhar uma carreira ímpar no panorama musical que nos interessa. Pode-se dizer que a actuação foi boa, sem ser brilhante. Jérôme pareceu subir ao palco um pouco contrariado, e toou a sua actuação com um espírito de reclamação que não ficou nada bem aos Rome. A piada maior do festival será porventura a sua queixa de ter o merchandise ao lado de uma banca de nazis (como lhes chamou), o que vindo de quem vem dá pelo menos para nos rirmos um bocado.

Mas adiante que era música que tínhamos ido a Leiria ver, e nesse aspecto os Rome cumpriram o seu papel e deram um concerto pleno de emoção e sentimento. Não faltaram alguns dos melhores momentos do colectivo luxemburguês, mas como são realmente tantas as belas músicas com que nos têm brindado ao longo dos anos, ficaram naturalmente muitas

por ouvir. Sentiu-se claramente que a actuação foi encurtada, e mais uma vez Jérôme fez sentir o seu descontentamento devido a esse facto. Não fossem estes "pormaiores" e a actuação teria sido ainda melhor.

Mas era altura de descer para o Palco Corpo e apreciar mais uma incursão ao nosso país dos Clan of Xymox. A sua sonoridade é por demais conhecida de quem aprecia a bela música, e não fizeram por menos ao dar um concerto ao seu nível. Pautada por alguns problemas técnicos, a actuação não deixou de visitar alguns dos melhores momentos do vastíssimo e excelente repertório que os Clan of Xymox dispõe, trazendo alguns dos mais conhecidos hits para o palco e proporcionando os primeiros momentos verdadeiramente dançáveis do festival. Ainda houve Suicide Commando depois, mas corpo e alma necessitavam de descanso e o espírito não estava virado para essas sonoridades.

Com o segundo dia veio o momento mais aguardado, pelo menos para quem vos escreve deste lado - a estreia em Portugal dos Dernière Volonté. O projecto liderado por Geoffroy Delacroix é presença assídua nestas paragens digitais e impunha-se a experiência ao vivo. Que foi magnificamente cumprida, diga-se desde já.

Acompanhado em palco por Andy Julia (senhor de uma grande actuação, tem que se referir!), Geoffroy levou-nos pelos caminhos electrónicos, ritmados e dançáveis desta "pele" que o seu projecto veste há já alguns discos a esta parte. E que bem que se partilharam alguns dos melhores momentos desses trabalhos na Igreja da Pena! Infelizmente alguns dos momentos mais aguardados aqui deste lado não tiveram ecos nas suas paredes, mas ficaram muitos mais para nos manter a memória viva, sempre muito bem executados. Estivesse a voz um pouco mais alta na mistura, e teria sido perfeito. Mesmo assim foi claramente o concerto do festival, o que não é dizer pouco.

Principalmente porque logo a seguir fomos brindados por uma actuação soberba dos Daemonia Nymphe. Devo confessar que tinha algum receio de como iria resultar a sonoridade do colectivo grego em palco, dada a sua complexidade e multi-camadas. Seria porventura complicado replicar toda a riqueza do trabalho em estúdio no Palco Alma, mas fizeram-no sem mácula! Terá sido inclusivamente o melhor som do festival aquele que os Daemonia Nymphe tiveram em palco.

E ainda bem que assim foi, porque fomos então brindados por um conjunto de magníficas odes mitológicas, reminiscentes do seu passado riquíssimo, sempre superiormente interpretadas. Destaque em particular para o barbitos, um instrumento de cordas com uma sonoridade fabulosa e ímpar, que dá às composições do colectivo grego um toque absolutamente

distintivo. Uma grande estreia no nosso país, e não fosse a grande espera por ver Dernière Volonté teria sido certamente o concerto desta edição do Entremuralhas.

E para fechar o Palco Alma em beleza, Kim Larsen e os seus Of The Wand And The Moon voltaram mais uma vez a Portugal, mas desta vez com um concerto bastante diferente. No passado habituamo-nos a ver o projecto Dinamarquês com uma toada puramente acústica, quase com o protagonismo centrado em absoluto no seu mentor. Mas desta feita foi uma banda completa que subiu ao palco, com uma base eléctrica que assenta bem nas sonoridades dos seus mais recentes trabalhos.

Que aliás foram uma das bases das músicas escolhidas para o alinhamento. Foi uma proposta diferente, mas igualmente bem conseguida, aquela que Kim Larsen apresentou em Leiria. Quando se é francamente bom músico e compositor, como é o seu caso, qualquer proposta acaba por ter uma qualidade inerente que a faz destacar-se no meio das outras. Foi o que aconteceu com os OTWATM, a assinarem mais uma excelente actuação em solo nacional e a acabarem em estilo quase concerto de Rock uma noite que seria quase perfeita.

E o quase aplica-se porque a seguir vieram os Beauty of Gemina e os VNV Nation. Nada contra nenhum dos projectos em particular, mas depois de três bandas dentro de um estilo particular, o espírito não estava propriamente alinhado para receber propostas tão diferentes. Por isso rumamos a casa, plenos de satisfação por mais uma edição muito bem conseguida de um festival que, ano após ano, nos trás alguma da melhor música que se faz por esse mundo fora. A equipa do Fade In está mais uma vez de parabéns! Um obrigado e um abraço deste lado, e até ao próximo ano!

JEAN-CLAUDE MICHÉA: O SOCIALISMO CONTRA A ESQUERDA
Alain de Benoist

Em Janeiro de 1905, o «regulamento» da Secção francesa da Internacional operária (SFIO) – o partido socialista da época – ainda indicava que este era um «partido de classe tendo como objectivo socializar os meios de produção e de troca, ou seja a transformação da sociedade capitalista em sociedade comunista ou colectivista, por intermédio da organização económica e política do proletariado». Decerto, nenhum partido «socialista» ousaria afirmá-lo hoje em dia. Os socialistas converteram-se em sociais-democratas ou em sociais-liberais.

Não é novidade para ninguém que a «esquerda» moderna se converteu, quase na sua totalidade, ao reformismo, tendo aderido à economia de mercado e afastando-se progressivamente dos trabalhadores e das classes populares. O espectáculo da vida política demonstra-o à saciedade. É esta a razão pela qual, a título de exemplo, a esquerda tão pouco se faz ouvir na grande tormenta financeira mundial a decorrer: simplesmente esta está tão pouco disposta quanto a direita a tomar as medidas que permitiriam encetar uma verdadeira guerra contra a influência planetária da Forma-Capital. Como observa Serge Halimi, «a esquerda reformista distingue-se dos conservadores, aquando de uma campanha, por um efeito de óptica. Seguidamente, mal a ocasião propícia surge, esforça-se por governar como os seus adversários, não perturbando a ordem económica, salvaguardando as posses dos ricos»[110]

---

[110] « Où est la gauche à l'heure de la tourmente économique ? », in *Le Monde diplomatique*, Novembro 2011, p. 14.

A questão que se põe é a seguinte: porquê? Quais são as causas dessa deriva? Será explicável apenas pelo oportunismo dos indivíduos, antigos revolucionários que se transformaram em notáveis? Poderemos ver nela uma remota consequência do advento do sistema Fordista? Um efeito da conjuntura histórica, sendo que o desmoronamento do bloco soviético teria aniquilado a ideia de uma alternativa credível ao sistema de mercado?

No seu último livro *Le complexe d'Orphée,* Jean-Claude Michéa fornece uma resposta não só mais original como mais profunda: a esquerda separou-se do povo porque esta aderiu precocemente à ideologia do progresso, a qual contradiz em absoluto todos os valores populares[111]

Fundamentalmente orientada para o futuro, a filosofia das Luzes diaboliza, é por demais sabido, as noções de «tradição», de «costume», de «enraizamento», não vendo nestas senão superstições ultrapassadas e entraves à marcha triunfal do progresso para diante. Visando a unificação do género humano em simultâneo com o advento de um universo «líquido» (Zygmunt Bauman), a teoria do progresso implica que se repudie toda e qualquer forma de pertença «arcaica», ou seja anterior, que se destrua sistematicamente a base orgânica e simbólica das solidariedades tradicionais (tal como o levou a cabo em Inglaterra o célebre processo dos *enclosures*, o qual obrigou ao êxodo de milhares de camponeses privados dos seus direitos costumeiros, convertendo-os em mão de obra proletária desenraizada e por conseguinte impiedosamente explorada nas manufacturas e nas fábricas[112]). Numa óptica «progressista» toda e qualquer apreciação positiva sobre o mundo tal como ele era outrora releva pois necessariamente de um passadismo «nostálgico»: «todos aqueles - ontologicamente incapazes de admitir que os tempos mudam - que venham manifestar, *em todo e qualquer domínio*, uma qualquer ligação (ou uma qualquer nostalgia) por aquilo que ainda *ontem* existia revelarão assim um inquietante "conservadorismo" ou mesmo, os mais ímpios de entre eles, uma natureza irremediavelmente "reaccionária"»[113]. O mundo novo edificar-se-á necessariamente sobre as ruínas do mundo antigo. A liquidação das raízes forma a base do programa, deduz-se que «apenas os desenraizados podem aceder à liberdade intelectual e política» (Christopher Lasch).

---

[111] Jean-Claude Michéa, *Le complexe d'Orphée. La gauche, les gens ordinaires et la religion du progrès*, Climats-Flammarion, Paris 2011.
[112] Michéa salienta a propósito que os «movimentos migratórios» contemporâneos «não são senão a simples transposição à escala planetária desse êxodo rural permanente sem o qual o capitalismo deixaria rapidamente de funcionar » (*Le complexe d'Orphée*, op. cit., p. 112).
[113] Ibid. p. 14.

Tal é a representação do mundo que, no século XVIII, acompanhou a ascensão social da burguesia e, com ela, a difusão dos valores de mercado. Atitude moderna estruturada segundo um universalismo abstracto no qual Friedrich Engels via, a acertadamente, o «reino idealizado da burguesia». (Sorel, na sua época, tinha também ele já realçado o carácter profundamente burguês da ideologia do progresso). Mas também antiga diligência monoteísta que lança o anátema contra as realidades particulares em nome da iconoclastia do conceito, velha atitude platónica que desacredita o mundo sensível em nome das ideias puras.[114]

A teoria do progresso está directamente associada à ideologia liberal. O projecto liberal nasce, no século XVII, do desejo de acabar com as guerras civis e de religião recusando totalmente o absolutismo, julgado incompatível com a liberdade individual. Após as guerras de religião, os liberais acreditaram que não se poderia evitar a guerra civil senão cessando de fazer apelo a valores morais partilhados. Eram partidários de um Estado que, tendo como objectivo a «vida boa», seria *neutro*. Já não podendo mais a sociedade ser alicerçada sobre a virtude, o bom senso ou o bem comum, a moral deveria remeter-se à esfera do privado (princípio de neutralidade axiológico). A ideia geral era que não se poderia fundar a sociedade civil a não ser sobre a exclusão por princípio de toda e qualquer referência a valores *comuns* - o que levava, por sua vez, a ter como legítimo não importa qual desejo ou mania que fosse objecto de uma escolha «privada».

O projecto liberal, explica Jean-Claude Michéa, teve o seu corolário em dois factores: «por um lado, o Estado de direito, oficialmente neutro no plano dos valores morais e "ideológicos", e cuja única função é portanto a de velar para que a liberdade de uns não prejudique a de outros (uma constituição liberal tem a mesma estrutura metafísica do Código da Estrada). Por outro, o mercado auto regulador, considerado como sendo capaz de permitir a cada um relacionar-se pacificamente com os seus semelhantes sob a única base de uma comunhão de interesses das partes envolvidas»[115].

O Estado de direito «axiologicamente neutro» é com efeito uma dupla ilusão. Em primeiro lugar, a sua neutralidade é de todo relativa: na vida

---

[114] A propósito, Michéa sublinha muito justamente que quando falamos de universalismo de esquerda, não podemos «esquecer as suas raízes cristãs e, em particular, as suas origens paulinianas». São Paulo é com efeito o primeiro a enunciar uma concepção desencarnada do Universal, onde «toda a determinação particular deve ser pensada como um obstáculo maior ao advento de uma ordem justa e, por consequência, como uma configuração politicamente incorrecta que é indispensável erradicar o mais depressa possível» (op. cit., p. 27).

[115] Jean-Claude Michéa, «Il y a une unité du libéralisme», entrevista em *Le Spetacle du Monde*, Outubro de 2011, pp. 22-24.

real, os liberais afirmam os seus princípios e os seus valores com tanto vigor quanto os anti-liberais. De seguida, a neutralidade em matéria de valores (a teoria segundo a qual o Estado não se deve pronunciar sobre a questão da «vida boa», uma vez que isto o levaria a descriminar entre os cidadãos) culmina na prática em contradições insolucionáveis. É o que testemunha a teoria dos direitos do homem, que proclama direitos contraditórios, alguns dos quais não podem ser aplicados senão na condição de ignorar ou violar outros. Estas contradições são constantemente submetidas a procedimentos judiciais, mas não são resolúveis de modo meramente técnico ou procedimental.

Frequentemente faz-se remontar à revolução francesa a dicotomia esquerda/direita. É esquecer que esta, no final das contas, não entrou verdadeiramente no discurso público senão no final do século XIX. Nas vésperas da revolução, a clivagem principal não opõe a «direita» à «esquerda», mas uma aristocracia terratenente dotada de poder política e uma burguesia mercantil conquistada pelas ideias liberais. Ninguém, nesta época, defende verdadeiramente o povo. Retrospectivamente, o livro de Michéa explica também, por outro lado, a ambiguidade da revolução francesa: revolução burguesa mas feita em nome do «terceiro-Estado» (e sobretudo da «velha nação») inspirando-se ao mesmo tempo nas ideias de Rousseau e no liberalismo das Luzes, «progressista» com Condorcet, mas fascinada pela antiguidade com Robespierre ou Saint-Just.

Durante toda a primeira parte do século XIX, são precisamente os liberais que formam o cerne da «esquerda» parlamentar da época (o que explica o sentido que conservou nos Estados Unidos a palavra *liberal* de hoje em dia). Os liberais recuperam essa ideia fundamentalmente *moderna* que consiste em ver no «desenraizamento» da natureza e da tradição o gesto emancipador por excelência e a única via de acesso a uma sociedade "universal" e "cosmopolita"»[116]. Benjamim Constant, para citar apenas este, é o primeiro a celebrar esta disposição da «natureza humana» que leva a «imolar o presente ao futuro».

Enquanto a Terceira República vê a burguesia assumir, pouco a pouco, a herança da revolução de 1789, o movimento socialista estrutura-se em associações e em partidos. Lembremos que a palavra «socialismo» só aparece por volta de 1830, nomeadamente em Pierre Leroux e Robert Owen, num momento em que o capitalismo se afirma como força dominante. O direito de greve é reconhecido em 1864, no mesmo ano da fundação da Primeira Internacional. Ora, os primeiros socialistas, cuja base

---

[116] Jean-Claude Michéa, «Socialisme ou barbarie, il faut choisir. Maintenant!», entrevista em *Causer*, Outubro de 2011, pp. 17-18.

social se encontra sobretudo nos artesãos, não se apresentam de todo como homens «de esquerda». Michéa lembra para mais que «o socialismo não era, na sua origem, nem de esquerda nem de direita»[117], e que nunca passaria pela cabeça de Sorel ou de Proudhon, de Marx ou Bakunine, definirem-se a si próprios como homens «de esquerda». A «esquerda» designa então apenas e só os «radicais».

Na sua origem, o movimento socialista apresenta-se como uma força *independente*, quer face à burguesia conservadora e aos «ultras» quer aos «republicanos» e outras forças de «esquerda». Este opõe-se, é certo, aos privilégios de casta ligados às hierarquias do antigo regime - privilégios conservados sob uma outra forma pela burguesia liberal -, mas opõe-se igualmente ao individualismo das Luzes, herdeiro da economia política inglesa, com a sua apologia dos valores de mercado, já também criticados por Rousseau. Não adopta contudo as ideias da esquerda «progressista», e vê bem que os valores de «progresso» exaltados pela esquerda são aqueles de que também se reclama a burguesia liberal que explora os trabalhadores. Luta na realidade simultaneamente contra a direita monárquica e clerical, contra o capitalismo burguês, explorador do trabalho vivo, e contra a «esquerda» progressista herdeira das Luzes. Deparamo-nos, desta forma, com um jogo a três mãos, bem diferente da clivagem direita/esquerda que se imporá no rescaldo da primeira guerra mundial.

É aliás, contra o reformismo e parlamentarismo da «esquerda» que o socialismo proudhoniano ou o sindicalismo revolucionário soreliano opõem então o ideal do mutualismo ou da autonomia dos sindicatos e a vontade revolucionária é levada a cabo na «acção directa» - ideal que se cristalizará em 1906 na célebre Carta de Amiens da CGT.

Os primeiros socialistas também não eram adversários do passado. Mais exactamente, distinguiam claramente o que, no Antigo Regime, relevava do princípio de denominação hierárquica, que rejeitavam, e o que relevava do princípio «comunitário» (a *Gemeinwesen* de Marx) e dos valores tradicionais, morais e culturais, que o sustentavam. «Para os primeiros socialistas, era claro que uma sociedade na qual os indivíduos não tivessem mais nada em *comum* do que a sua aptidão racional em concluir negócios por mútuo acordo não poderia constituir uma comunidade digna desse nome»[118]. É precisamente por causa disto que Pierre Leroux, um dos primeiros teóricos socialistas, afirmava, não somente que «a sociedade não é o resultado de um contrato», mas que, «longe de ser independente de toda

---

[117] Ibid., p. 22.
[118] Jean-Claude Michéa, entrevista com Elisabeth Lévy, in *Le Magazine Littéraire*, Dezembro de 2009.

e qualquer sociedade e tradição, a vida do Homem tem raízes na tradição e na sociedade».

Para o povo, o passado não era somente o que lhe permitia inscrever-se numa filiação e numa continuidade histórica particulares, mas o que lhe permitia apreciar os valores das inovações que lhe eram propostas. A «tradição», deste ponto de vista, era menos um constrangimento do que uma protecção. No passado, bom número de revoltas populares tinham já tido a sua origem numa vontade que saltava à vista de defender os costumes e as tradições populares contra a Igreja, a burguesia ou os príncipes. A razão disto é que são os costumes, as tradições, as formas particulares da vida local, ou seja as comunidades enraizadas, que permitem desde sempre o emergir de um mundo *em comum* constituindo, igualmente desde sempre, o quadro no qual «se podem edificar as estruturas elementares da reciprocidade e por conseguinte, igualmente as condições antropológicas dos diferentes processos éticos e políticos que permitirão eventualmente expandir o princípio fundamental a outros grupos humanos, até mesmo a toda a humanidade»[119]. Este olhar sobre o passado não contradizia de forma nenhuma o internacionalismo ou o sentido do universal. Os primeiros socialistas estavam perfeitamente conscientes que é «sempre a partir de uma tradição cultural em particular que se torna possível aceder a valores verdadeiramente universais»[120], e que «na prática, o universal não se pode nunca construir sobre a ruína dos enraizamentos particulares»[121]. Citando o escritor português Miguel Torga, pensavam que «o universal, é o local menos os muros». «Somente aquele que está afectivamente ligado à sua comunidade de origem - à sua geografia, à sua História, à sua cultura, à sua maneira de viver - está realmente em condições de compreender aqueles que experimentam um sentimento comparável em relação à sua própria comunidade, acrescentou ainda Michéa, podemos concluir que o verdadeiro sentimento nacional (onde o amor à língua é uma componente essencial) não somente não contradiz mas, pelo contrário, tende geralmente a favorecer o desenvolvimento do espírito internacionalista que foi sempre um dos principais motores do projecto socialista»[122].

Assim como o patriotismo não deve ser confundido com o nacionalismo (de «direita»), o internacionalismo não deve ser confundido com o cosmopolitismo (de «esquerda»). O abandono ou o esquecimento da nossa

---

[119] «Socialisme ou barbarie, il faut choisir», entr. cit., p. 18.
[120] Entrevista à revista *Le Magazine Littéraire*, art. cit.
[121] *Le Complexe d'Orphée*, op. cit., p. 134.
[122] «Socialisme ou barbarie, il faut choisir», entr. cit., p.18.

própria cultura tornam-nos incapazes de compreender a ligação dos outros à sua, o corolário do universalismo abstracto não é o reino do Bem universal, mas a edificação de um «universo hipnótico, glacial e uniformizado» cujo sujeito é esse ser narcísico pré-edipiano, imaturo e caprichoso, que é o consumidor contemporâneo.

Em França, é na ocasião do Caso Dreyfus (1894) que se estabelece a aliança histórica do nacionalismo (influenciado primeiramente pela social-democracia alemã, e em seguida pelo marxismo) e da «esquerda» progressista. Viragem profundamente negativa. Nascida de uma preocupação de «defesa republicana» contra a direita monárquica, clerical ou nacionalista, desenha-se um compromisso que vai em primeiro lugar dar origem àqueles a que se chamará os «republicanos progressistas». Opera-se então uma confusão entre o que é *emancipador* e o que é *moderno*, os dois tidos erroneamente como sinónimos.

É neste momento, escreveu Michéa, que o movimento socialista foi «progressivamente levado a substituir a luta inicial dos trabalhadores contra a dominação burguesa e capitalista por aquela que bem depressa iria opor - em nome do "progresso" e da "modernidade" - um "povo de esquerda" e um "povo de direita" (e, nesta nova óptica, era por si só evidente que um operário de "esquerda" estaria sempre infinitamente mais próximo de um banqueiro de esquerda ou de um dirigente de esquerda do FMI do que de um operário, de um camponês ou de um empregado que votasse na direita)»[123]. Este compromisso inicial revestiu-se de dois aspectos: «por um lado, levou a ancorar o liberalismo - motor principal da filosofia das Luzes - no campo das "forças progressistas" [...] por outro, contribuiu desde logo para tornar ilegível a crítica socialista original uma vez que esta tinha nascido precisamente de uma revolta contra a inumanidade da industrialização liberal e da injustiça do seu direito abstracto»[124].

É então - e somente então - que a causa do povo começa a tornar-se sinónimo da do progresso, estandarte de uma «esquerda» que se considerava antes de tudo como «o partido do futuro» (contra o passado) e anunciadora dos «amanhãs que cantam», ou seja a modernidade em marcha. Somente a partir dessa altura se tornou necessário, para quem pretendia situar-se «à esquerda», demonstrar um «desprezo basilar por tudo aquilo que ainda tinha a marca infamante do "passado" (o tenebroso mundo provinciano, das tradições, dos "preconceitos", do "voltados para

---

[123] Ibid., pp. 22-23.
[124] Entrevista ao *Le Magazine Littéraire*, art. cit.

dentro" ou das ligações "irracionais" a seres e lugares)»[125]. O movimento socialista, posteriormente comunista, retomará à sua conta o ideal «progressista» do produtivismo a todo o custo, desse projecto industrial e hiper-urbano que rematou o desenraizamento das classes populares, tornando-as mais vulneráveis ainda ao domínio da Forma-Capital. (O que explica igualmente que este ideal tenha sido melhor acolhido pelos operários já desenraizados do que pelos camponeses).

Doravante, para defender o socialismo, era necessário crer na promessa de uma marcha em frente da humanidade em direcção a um universo radicalmente novo, governado unicamente pelas leis universais da razão. Para ser-se «de esquerda» era necessário classificar-se entre aqueles que, por princípio, se recusam a olhar para trás, tal como foi intimado a Orfeu. (Daí o título do livro de Jean-Claude Michéa: descido ao reino dos mortos na esperança de reencontrar Euridice e de a levar de volta para o mundo dos vivos, Orfeu vê-se interditado por Hades de arrepiar caminho, caso contrário perderá para sempre a sua amada. Bem entendido, este violará esta interdição no último momento). É a esta deriva, onde vê, a justo título, uma impostura, que se opõe Michéa com tanta firmeza quanto talento.

Desenraizado, o movimento operário foi na mesma ocasião privado das condições e dos meios da sua *autonomia*. Como justamente o tinha visto George Orwell, a religião do progresso priva, com efeito, o homem da sua autonomia no próprio instante em que esta pretende garanti-la ao emancipá-lo do passado. Ora, sublinha Michéa, «a partir do momento em que o indivíduo (ou uma colectividade) foi desapossada dos meios da sua autonomia, só pode continuar a perseverar na sua existência recorrendo a próteses artificiais. E é precisamente esta via artificial (ou "alienante") que o consumo, a moda e o espectáculo estão encarregues de oferecer a título de compensação ilusória a todos aqueles cuja existência foi, desta forma, igualmente mutilada»[126].

Apresentando-se a esquerda como «inovadora», o capitalismo será decorrentemente denunciado como «conservador». Outra deriva fatal, uma vez que a Forma-Capital é tudo menos conservadora! Marx tinha já demonstrado à saciedade o carácter intrinsecamente «progressista» do capitalismo, ao qual creditava o ter suprimido o feudalismo e afogado os antigos valores nas «águas geladas do cálculo egoísta». A esta característica fundadora junta-se uma outra, própria das formas modernas desse mesmo capitalismo «uma economia de mercado integral, explica Michéa, não pode funcionar duravelmente a não ser que a maior parte dos

---

[125] *Le Complexe d'Orphée*, op. cit., pp. 12-13.
[126] «Socialisme ou barbarie, il faut choisir», entr. cit., p. 21.

indivíduos tenham interiorizado uma cultura da moda, do consumo e do crescimento ilimitado, cultura necessariamente fundada sobre a celebração perpétua da juventude, do capricho individual e da fruição imediata [...] é por conseguinte precisamente o liberalismo cultural (e não o rigorismo moral ou a austeridade religiosa) que constitui o complemento psicológico e moral mais eficaz de um capitalismo de consumo»[127]. Ora, ao tornar-se «de esquerda», o socialismo adoptou também os princípios do liberalismo cultural. A esquerda «permissiva» tornou-se igualmente o estrume natural de expansão da Forma-Capital. É o capitalismo que melhor permite «fruir sem entraves»!

Durante decénios, sob a etiqueta da «esquerda», vão pois encontrar-se associadas, numa permanente ambiguidade, duas coisas totalmente diferentes: por um lado, o justo protesto moral da classe operária contra a burguesia capitalista, e por outro, a crença liberal burguesa numa teoria do progresso que assenta no princípio de que o «ontem» não foi senão mau e que «amanhã» será necessariamente melhor. De facto, o movimento socialista degenerou precisamente a partir do momento em que se tornou «progressista», ou seja a partir do momento em que aderiu à teoria (ou à religião) do progresso - quer isto dizer à metafísica da ilimitação - que forma o cerne da filosofia das Luzes, e por conseguinte da filosofia liberal. Estando a teoria do progresso intrinsecamente ligada ao liberalismo, a «esquerda», tornando-se «progressista», condenou-se a juntar-se, mais dia menos dia, ao campo liberal. A podridão instalou-se. O liberalismo cultural anunciava já a queda no liberalismo económico.

O último bastião a ceder foi o partido comunista, que progressivamente deixou de desempenhar o papel que tinha assegurado o seu sucesso no passado: fornecer «à classe operária e às outras categorias populares uma linguagem política que lhes permitia viver a sua condição com um certo orgulho, conferindo um sentido ao mundo que tinham sob os seus olhos»[128].

O que Michéa diz da esquerda poderia, claro está, ser dito da direita, por meio da demonstração inversa: a esquerda aliou-se ao liberalismo económico porque já tinha sido conquistada pela ideia de progresso e pelo liberalismo «societal», enquanto que a direita se aliou ao liberalismo dos costumes porque adoptou primeiramente o liberalismo económico. É com efeito completamente ilusória a crença de que se pode ser duravelmente liberal no plano político ou «societal», sem se acabar por sê-lo também no plano económico (como o acreditam a maioria das pessoas de esquerda) ou

---

[127] «Il y a une unité du liberalisme», entr. cit., p. 24.
[128] Jean-Claude Michéa, Ibid., p. 25.

que se possa ser duravelmente liberal no plano económico sem se acabar por sê-lo também no plano político ou «societal» (como o crêem a maioria das pessoas de direita). Noutros termos, há uma unidade profunda do liberalismo. O liberalismo forma um todo.

À parvoíce das pessoas de esquerda que acham possível combater o capitalismo em nome do «progresso», responde a imbecilidade das pessoas de direita que crêem ser possível defender ao mesmo tempo os «valores tradicionais» e uma economia de mercado que não cessa de os destruir: «o liberalismo económico integral (oficialmente defendido pela direita) traz consigo a revolução permanente dos costumes (oficialmente defendida pela esquerda), tal como esta, por seu turno, exige a total liberalização do mercado»[129]. É o que explica que a direita e a esquerda confluam hoje em dia na ideologia dos direitos do homem, no culto do crescimento infinito, na veneração das transacções comerciais e no desejo desenfreado pelo lucro. O que tem pelo menos o mérito de clarificar as coisas.

A esquerda persuadiu-se muito rapidamente que a mundialização do capital representava uma evolução inelutável e um futuro incontornável, tendo-se a política tornado decorrentemente uma adaptação à mundialização económica e financeira. O grande divórcio entre o povo e a esquerda foi a sua consequência mais estrondosa.

O Clube Jean Mulin tinha aberto a via nos anos 60. A «segunda esquerda» rocardiana nos anos 70, a Fundação Saint-Simon nos anos 80, aprofundaram a brecha pela qual a esquerda começou a posicionar-se ao lado da «sociedade civil» contra o Estado e a aliar-se ao modelo de mercado. Na mesma época, triunfa o liberalismo cultural, o que se traduz por uma deslocalização dos debates políticos para o campo das questões societárias e dos novos grupos sociais em vias de se autonomizarem (mulheres, imigrantes, homossexuais, etc.). Por fim, o dinheiro impõe-se como o equivalente universal no domínio dos valores. «O vencedor foi Alain Minc, que salientou Jacques Julliard [...] este compreendera que adoptando as ideias da segunda esquerda, poder-se-ia fazer um belíssimo *deal*[130] com o neo-capitalismo que se estava a desenvolver»[131].

Foi assim que emergiu uma esquerda «cujos dogmas são o anti-racismo, o ódio pelos limites, o desprezo pelo povo e o elogio obrigatório do desenraizamento»[132]. É desta forma que o imaginário da «esquerda moderna» - simbolizado em França pelos *Le Monde*, *Libération*, *Les*

---

[129] *Le Complexe d'Orphée*, op. cit., p. 216.
[130] NDT: em inglês no original.
[131] Jacques Julliard, «A gauche, le retard des idées sur les faits», entrevista ao *Esprit*, Março-Abril de 2011, p. 56.
[132] Olivier François, «Michéa et les bons esprits», in *Causer*, Outubro de 2011, p. 24.

Inrockuptibles e outras luminárias do «círculo dos bem pensantes» ideologicamente dominante - se veio a confundir com o dos amos do BCE e do Fundo Monetário Internacional. E é também por causa disso que, «por detrás da convicção outrora emancipadora de que se não pára o progresso, tornou-se cada vez mais difícil perceber outra coisa que não a ideia, presentemente dominante, segundo a qual não se pode parar o capitalismo e a mundialização»[133]. Doravante a esquerda celebra o crescimento, quer isto dizer a produção infinita de mercadorias, nos mesmos termos que os liberais. Onde uns falam de «desterritorialização» (à maneira de Deleuze-Guattari ou Antonio Negri), os outros falam de «deslocalizações». No que diz respeito à imigração, exército de reserva do capital, a esquerda «moderna» identifica-se com a mesma linguagem que Laurence Parisot («mestiçagem» e «nomadismo» erigidos em norma). Sob a influência dos que «destruíram o socialismo convertendo-o no individualismo dos direitos universais e do liberalismo integral» (Hervé Juvin), o inimigo já não é o capitalismo que explora o trabalho vivo dos homens, mas o «reaccionário» que comete a imprudência de ser saudosista.

«É pois normal, prossegue Michéa, que a esquerda "cidadã" (a que rompeu com toda a sensibilidade popular e socialista) apareça hoje em dia como o campo político privilegiado onde são elaboradas todas as transformações civilizacionais e jurídicas requeridas pelo mercado mundial. Ela não é, em suma, mais do que rémora do capitalismo sem fronteiras, ou, se preferirmos, a guarda avançada cultural militante da direita liberal»[134].

Os «valores» da esquerda já não são valores socialistas, mas valores «progressistas»: apoio à imigração indocumentada, abertura ou supressão das fronteiras, defesa do casamento homossexual, despenalização de certas drogas, etc., tudo opções com as quais a classe operária está em completo desacordo ou das quais se desinteressa totalmente. Para a esquerda «moderna», que realiza a aliança dos funcionários, classes burguesas superiores, imigrantes e «bobos»[135], é «uma e a mesma coisa recusar o sombrio legado do passado (que por princípio, não seria digno senão de actos de "contrição"), combater todos os sintomas da febre "identitária" (ou seja, por outras palavras, todos os sinais de uma vida colectiva enraizada numa cultura em particular) e celebrar infinitamente a

---

[133] *Le Complexe d'Orphée*, op. cit., p. 22.
[134] Jean-Claude Michéa, «Il y a une unité du libéralisme», entr. cit., p. 25.
[135] Termo depreciativo que designa os assim chamados «burgueses-boémios», espécie de grupo social entre a burguesia tradicional e o proletariado, os quais muito embora pertencentes por posição social aos escalões médio e alto da primeira professam um apego aos valores da esquerda tradicional, principalmente no que concerne a questões abstractas.

transgressão de todos os limites morais e culturais legados pelas gerações anteriores (o corolário do universal liberal-pauliniano devendo coincidir, por definição, com o de indiferenciação e *ilimitação* absolutas)»[136]. Do que já não se fala é do capitalismo ou da luta de classes, para já não falar da revolução, essa velharia. Mesmo o PC já quase suprimiu a palavra «socialismo» do seu vocabulário. Tendo perdido a sua identidade ideológica, já não se encontra em condições de influenciar a corrente social-democrata da qual depende eleitoralmente.[137]

O objectivo deixou de ser a luta contra o capitalismo, substituído pelo combate a todas as formas de preocupação identitária, regularmente descritas como a ressurgência duma mentalidade reaccionária e passadista, «é o que explica, constata Jean-Claude Michéa, que o "migrante" se tenha progressivamente transformado na figura redentora *central* de todas as construções ideológicas da nova esquerda liberal. E isto, no lugar e na posição do arcaico proletário, sempre suspeito de não ser completamente indiferente à sua comunidade de origem, ou, com mais razão ainda, do camponês cujo laço constitutivo à terra o destinou a tornar-se na figura mais desprezada - e mais ridicularizada - da cultura capitalista»[138].

A esquerda procura pois um «povo de substituição». A Fundação Terra Nova, fundada em 2008 por próximos de Dominique Strauss-Kahn e presidida pelo socialista Olivier Ferrand, tornou-se célebre ao publicar em Maio de 2011 um relatório sugerindo ao Partido Socialista que refundasse a sua base eleitoral sobre uma aliança das classes desafogadas e das «minorias» dos arrabaldes, abandonando operários e empregados aos seus «valores de direita» (crítica da imigração, proteccionismo económico e social, promoção de normas fortes e de valores morais, luta contra a subsidiodependência, etc.). O texto do relatório é muito claro: «contrariamente ao eleitorado histórico da esquerda, coligado em prol das questões socio-económicas, esta França vindoura será antes de mais unificada pelos seus valores culturais progressistas». «Entre os dois perdedores da mundialização - os imigrantes guetizados e os ameaçados modestos assalariados - a esquerda versão Terra Nova pende doravante pelos primeiros em detrimento dos segundos.[139]

---

[136] *Le Complexe d'Orphée*, op. cit., pp. 28.29.
[137] Cf. Anicet Le Pors, «Communisme: mais où est donc passé le socialisme? Tours, 17 février 2011», texto em linha, p. 1.
[138] *Le Complexe d'Orphée*, op. cit., p. 142.
[139] Guillaume Desanges, «Terra Nova ou la nouvelle idélologie socialiste», in *Valleurs Actuelles*, 13 de Outubro de 2011. No seu ensaio *La gauche et la préférence immigrée* (Plon, Paris 2011) Hervé Algarrondo, jornalista do *Nouvel Observateur*, escreve por sua vez: «a legalização de todos os indocumentados não é somente uma palavra de ordem anti-republicana, na medida em que despreza as prerrogativas do Estado. É também, e mais ainda, uma palavra de ordem anti-operários, na medida em

Não é desde logo de espantar que o povo se afaste de uma esquerda mais fascinada pelo «*people*» e pela «ralé» que pelos trabalhadores, que se declara a favor da mundialização, embora esta seja, primeiro do que tudo, a do capital, que se interessa mais pelas iniciativas «de cidadania» do que pelas transformações estruturais, pela sociedade maternal do *care* mais do que pela justiça social, pela vida associativa mais do que pela política, pelo espectáculo mediático mais do que pela soberania do povo, pelo consenso social mais do que pela luta de classes - e, que a exemplo dos liberais, já não concebe o interesse geral como mais do que uma simples adição dos interesses particulares. O povo já não se reconhece numa esquerda que substituiu o anti-capitalismo por um simulacro de «anti-fascismo», o socialismo pelo individualismo «bobo» e o internacionalismo pelo cosmopolitismo ou o «san-papiérisme»[140], que não tem senão desprezo pelos valores autenticamente populares, que se dá ao ridículo de celebrar simultaneamente a «mestiçagem» e a «diversidade»[141], esgota-se em iniciativas «de cidadania» e em lutas «contra todas as discriminações» (com a notável excepção, é claro, das discriminações de classe) em exclusivo proveito dos bancos, do *lumpenproletariat* e de toda uma série de marginais.

Também não é de estranhar que o povo, desapontado por tal, se vire frequentemente para movimentos descritos de maneira depreciativa como «populistas» (termo pejorativo que trai um evidente ódio de classe). Citemos Michéa mais uma vez: «entre a representação culpabilizante da sociedade doravante imposta pela sociologia oficial (uma minoria de excluídos, relegados para "guetos étnicos", submetidos a todas as perseguições possíveis e cercados por uma França de moradias suburbanas, reputadamente constituída pelas classes médias) e a realidade sombria vivida pelas categorias populares, simultaneamente maioritárias e esquecidas, o afastamento [da realidade] tornou-se absolutamente surrealista. O resultado é que aqueles que sofrem em cheio os danos da mundialização já não encontram na linguagem politicamente correcta da esquerda moderna a mínima possibilidade de traduzir a sua experiência

---

que esta é, pela sua própria natureza, a categoria social mais atingida pela chegada de novos migrantes». Cf. também o livro de Gaël Brustier e Jean-Philippe Huelin, *Recherche le peuple désespérément*, François Bourin, Paris 2009.

[140] Postura ideológica que defende que os fluxos migratórios não devem sofrer qualquer constrangimento jurídico-administrativo, ou seja que todos somos seres humanos e que portanto «nenhum ser humano é ilegal». Trata-se de um *corpus altermundialista* que hierarquiza claramente os conceitos de humanidade e pessoa humana acima dos conceitos de nacionalidade e cidadania.

[141] Cf. Pierre-André taguieff, «Diversité et métissage: un mariage forcé», in *Le Debát*, Março-Abril de 2010, pp. 38-44.

vivida»[142]. «Sapando pela base toda a possibilidade de legitimar um qualquer julgamento moral (e, por consequência, recusando-se simultaneamente a compreender o *uso popular* das noções de mérito e de responsabilidade individual), a esquerda progressista condena-se inexoravelmente a entregar aos seus inimigos de direita vastos sectores dessas classes populares que contudo apenas pretendiam, *à sua maneira*, viver honestamente numa sociedade decente [...] na realidade, foi precisamente a própria esquerda que optou, nos finais dos anos 70, por abandonar à sua sorte as categorias sociais mais modestas e mais exploradas considerando-se doravante como "realista" e "moderna", ou seja renunciando desde logo a toda a crítica radical do movimento histórico que, nos dias de hoje, há 30 anos a esta parte, sepulta a humanidade sob uma "imensa acumulação de mercadorias" (Marx) e transforma a natureza em deserto de betão e de aço»[143].

George Sorel afirmava que «o sublime está morto na burguesia, e esta está pois condenada a já não ter moral». Michéa, também ele, fala de moral. Mas aqui, não é o «sublime» que está em questão, mas a decência comum (*common decency*) celebrada tão frequentemente por Orwell.

«É moral, dizia Emile Durkhein, tudo o que é fonte de solidariedade, tudo o que força o homem a ter o outro em conta, a reger as suas acções sobre outros princípios que não apenas os do seu egoísmo». «É isto que explica, acrescenta Michéa, que a revolta dos primeiros socialistas contra um mundo fundado apenas sob o cálculo egoísta tenha sido tão frequentemente impulsionada por uma experiência moral»[144]. Almeja-se a «virtude» celebrada por Jaurès, a «moral social» da qual falava Benoîst Malon. A «decência comum», que é incontestavelmente, de qualquer das formas, de ordem moral ou de um puritanismo moralizador, é com efeito uma das características mais importantes das «pessoas comuns». É pois no povo que a encontramos mais difundida. Esta implica a generosidade, o sentido da honra, a solidariedade. Esta está expressa na tripla obrigação de «dar, receber e entregar» da qual Marcel Mauss fazia o alicerce da lógica do dom e do contra-dom. É a partir dela que se exprimiu no passado o protesto contra a injustiça social, uma vez que esta permitia compreender a amoralidade de um mundo exclusivamente baseado no cálculo interesseiro e a transgressão permanente de todos os limites. Mas é igualmente também esta que, hoje em dia, protesta com todas as suas forças contra essa esquerda «moderna» cujo símbolo é um qualquer Dominique Strauss-Kahn

---

[142] «Il y a une unité du libéralisme», entr. cit., p. 25.
[143] *Le Complexe d'Orphée*, op. cit, pp. 245 e 252.
[144] «Il y a une unité du libéralisme», entr. cit,, p. 25.

e na qual esta já não se reconhece. «Deste ponto de vista, escreve Michéa, o projecto socialista (ou se preferirmos outro termo utilizado por Orwell, o de uma sociedade decente) revela-se evidentemente como uma continuação da moral popular por outros meios»[145].

Compreenda-se, Michéa não critica a esquerda de um ponto de vista de direita - e felicitamo-lo por isso -, mas sim em nome dos valores fundacionais do socialismo original e do movimento operário. Toda a sua obra se apresenta, aliás, como um esforço para reencontrar o espírito desse socialismo original e lançar as bases da sua renovação no mundo actual. Tomando o partido das «pessoas comuns», o que recusa antes de mais, é que se desacreditem os valores do enraizamento e das estruturas orgânicas que, no passado, foram muitas vezes a única protecção da qual dispunham os mais pobres e os mais explorados.

Não é um ponto de vista isolado. A diligência de Jean-Claude Michéa inscreve-se, pelo contrário, numa vasta galáxia, onde encontramos desde logo, evidentemente, o grande George Orwell, a quem Michéa consagrou um livro notável (*Orwell, Anarchiste Tory*), bem como Christopher Lasch, teórico de um «populismo» socialista e comunitário, ele mesmo grande adversário da ideologia do progresso[146], ao qual, ele, mais do que ninguém, contribuiu para divulgar o pensamento em França. Aí encontramos também, para citar apenas alguns nomes, o jovem Marx crítico dos «direitos do homem», os primeiros socialistas franceses, William Morris, Charles Péguy e Chesterton, Antonio Gramsci e a tónica assente nas culturas populares, o Pasolini dos *Ecrits corsaires* (aquele que dizia: «o que nos incita a retornar é tão humano e necessário como aquilo que nos empurra para a frente»), Clouscard e a sua crítica aos liberais-libertários, Jean Baudrillard e a sua denúncia da «esquerda divina», os filmes de Ken Loach e Robert Guédiguian, as canções de Brassens, sem esquecer Walter Benjamin, Cornelius Castoriadis, Jaime Semprun, Anselm Jappe, Serge Latouche[147], etc.

Michéa compara o liberalismo a uma fita de Möbius, que apresenta uma face «de direita» e uma face «de esquerda», mas sem nenhuma solução de continuidade. Isto significa que entre burguesia de direita e burguesia de esquerda, quer uma quer outra herdeiras da filosofia liberal das Luzes,

---

[145] *Le Complexe d'Orphée*, op. cit., pp. 87-88.

[146] Christopher Lasch, *Le seul et vrai paradis*, Champs-Flammarion, Paris 2006.

[147] Jean-Claude Michéa, que foi um dos interlocutores do Mauss, solidarizou-se também com a teoria do decrescimento (Serge Latouche), denunciando a lógica do "crescimento infinito" que está no cerne do processo de acumulação ilimitada a que se resume o capitalismo global. Acerca de Jaime Semprun e a enciclopédia dos danos, cf. Olivier François e Aurélie Mouillard, «Jaime Semprun avait indiqué la voie», in *Éléments*, Janeiro-Março 2011, p. 61.

haverá sempre mais afinidades objectivas que entre cada uma das burguesias e dos anti-burgueses do seu próprio campo. E inversamente, que existe uma complementaridade igualmente natural entre aqueles que defendem o povo contra a burguesia exploradora, quer estes se situem, uma vez mais, à esquerda ou provenham da direita. É o que constata Michéa quando escreve: «pouco importa, na realidade, saber em que tradição histórica cada qual se foi inspirar nas razões próprias que lhe assistem para respeitar os princípios da decência comum e indignar-se pela sua violação permanente pelo sistema capitalista»[148]. Numa época em que a esquerda pretende mais do que nunca amalgamar as «forças do progresso», este não hesite em acrescentar que é a «incapacidade patética de assumir [a] dimensão conservadora da crítica anti-capitalista que explica, em grande parte, a profunda desordem ideológica (para não dizer espaventoso coma intelectual) no qual *o conjunto da esquerda moderna mergulhou actualmente*»[149].

Ainda não leu Michéa? Sobretudo não diga que o vai ler um dia destes. Leia-o já. Imediatamente!

---

[148] «Socialisme ou barbarie, il faut choisir», entr. cit., p. 23.
[149] *Le Complexe d'Orphée*, op. cit., pp. 76-77.

O COMPLEXO INDUSTRIAL-MILITAR NO SÉCULO XXI: A REESTRUTURAÇÃO PRODUTIVA PELA VIA DA BIOTECNOLOGIA

Douglas Rundvalt[150] & Edu Silvestre de Albuquerque[151]

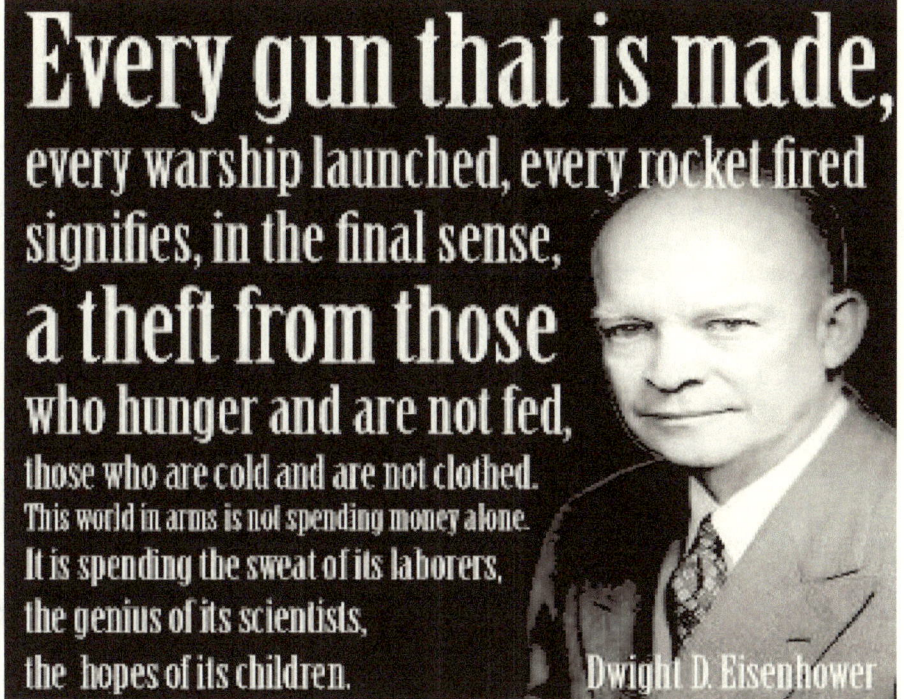

Every gun that is made, every warship launched, every rocket fired signifies, in the final sense, a theft from those who hunger and are not fed, those who are cold and are not clothed. This world in arms is not spending money alone. It is spending the sweat of its laborers, the genius of its scientists, the hopes of its children.

Dwight D. Eisenhower

Introdução

As articulações entre militares, Estado e empresários da indústria farmacêutica e biotecnológica são investigadas no contexto da emergência de um novo padrão de reprodução capitalista a partir dos Estados Unidos, uma saída conservadora para a atual crise sistêmica de acumulação. O objetivo principal deste trabalho é descrever e analisar esse processo de reestruturação econômico-territorial em curso a partir do Complexo Industrial-Militar-Biotecnológico (CIMB), uma ramificação do Complexo Industrial-Militar (CIM), conceito cunhado pelo presidente estadunidense D. Eisenhower ainda ao final da década de 1950. Essa atualização

---

[150] Mestrando em Gestão do Território pela Universidade Estadual de Ponta Grossa.
[151] Doutor em Geografia Humana pela UFSC, professor adjunto da UFRN, professor colaborador do mestrado em Gestão do Território da UEPG.

conceitual é necessária porque o CIM tradicional não representa mais o suporte necessário para explicar o avanço das pesquisas militares, sobretudo nos setores de fármacos e biotecnologia, nem descrever o processo de reestruturação econômica em curso.

Para a compreensão da nova reestruturação econômico-territorial no centro do sistema, resgata-se e remodela-se o conceito gramsciano de hegemonia, agora aplicado a organização do sistema internacional. A Teoria da Estabilidade Hegemônica (TEH), elaborada por Gilpin (1987), afirma a necessidade de um ator hegemônico para a garantia da estabilidade e segurança internacional. Assim, a reprodução das condições de hegemonia exige justamente que a nação líder aponte saídas sistêmicas para resolver a crise de acumulação, e que D. Harvey (2003) situa atualmente na retomada do processo de "acumulação por espoliação".

O desenvolvimento tecnológico tem sido uma saída para as crises capitalistas provocadas pela tendência cíclica de queda da taxa de lucro em situações de capitais sobreacumulados. Marx já descrevera este processo de fusão entre indústria e ciência no séc. XIX. Mais tarde, as duas guerras mundiais da primeira metade do século XX permitiram o desenvolvimento de tecnologias *duais* a partir dos equipamentos e tecnologias militares. O mesmo ocorreu também durante todo o período da Guerra Fria, onde as duas superpotências promoveram uma insana corrida armamentista, e que sobrepôs no caso norte-americano à crise capitalista das décadas de 1970-80, momento em que se pode perceber, como nunca na história, o poder reestruturador produtivo-territorial das inovações científico-tecnológicas.

Foi exatamente na grande crise dos anos 70, que os EUA encetaram uma aliança estratégica com a China visando a retomada das taxas de lucro históricas, e cujas bases eram a exportação de capitais e tecnologias para formar plataformas produtivas no litoral chinês. Ao ativar produtivamente o capital financeiro no centro do sistema, a nova concentração de capitais sob a égide do Estado norte-americano permitiu a realização produtiva das novas tecnologias (*high techonology*) emergidas dos CIM's. Em termos geopolíticos, esse movimento ocasionou de imediato o isolamento político e econômico da URSS, encerrando a Guerra Fria, e ainda hoje provoca reestruturações globais ao colocar em xeque também o modelo do *walfare state* europeu, em iminente colapso diante da contínua inundação dos mercados mundiais com bens de consumo não-duráveis produzidos na China (FIORI, 2005).

Entretanto, a hegemonia estadunidense com o final da Guerra Fria não se faz sem sobressaltos. O crescimento econômico oportunizado pela globalização tem arrefecido especialmente nos países centrais, provocando

nova crise de acumulação de capitais. Assim, que os atentados terroristas do 11 de setembro de 2001 às torres símbolos do capital financeiro (*World Trade Center*) e ao Pentágono (Defesa dos EUA) vieram a representar nova oportunidade para a continuidade da hegemonia norte-americana, representando a mobilização da vontade política nacional em torno de saídas conservadoras para a crise econômica e política[152].

A justificativa para a retomada dos investimentos na indústria da defesa aos níveis verificados durante a Guerra Fria viria com a invasão do Afeganistão e do Iraque, e mais recentemente prosseguiria em razão das ações da OTAN na Líbia, alegadamente para deter os "Estado-Párias", que se somaria ao alegado interesse da "comunidade internacional" no cercamento militar da Rússia, China e Irã (ALBUQUERQUE, 2011). Pois é efetivamente na produção de novas guerras que reside a justificativa para a continuidade dos investimentos militares em novas tecnologias, sobretudo diante das limitações ao desenvolvimento de armas atômicas definidas por tratados internacionais. Uma das pontas deste *iceberg* se descortina com a entrada em cena de Donald Rumsfeld - conhecido como "senhor das guerras" do governo republicano de George Bush -, e o episódio da ameaça de uma pandemia de gripe global.

Este texto apresenta o estudo de caso da relação íntima entre o neoconservador republicano e ex-secretário de Defesa Donald Rumsfeld e a empresa produtora do antiviral TAMIFLU. Em 2004, antes mesmo da histeria da pandemia da gripe H1N1 - popularizada pela mídia como gripe suína -, Rumsfeld conseguia do senado norte-americano a aprovação do "Fundo de Emergência a uma Possível Pandemia Global", com montante de US$ 7,1 bilhões para a compra do medicamento TAMIFLU[153]. Rumsfeld fora presidente da empresa *Gilead Sciences Inc.,* detentora da patente do TAMIFLU, deixando o cargo em 2001 para atender ao convite do presidente George W. Bush para tornar-se secretário de Defesa.

A metodologia desenvolvida neste trabalho envolve a revisão da literatura sobre reestruturação econômico-territorial e o cruzamento de informações dos *sites* do senado norte-americano e da empresa *Gilead Sciences Inc.,* cujo elo de ligação é a figura de Donald Rumsfeld. Através da posição estratégica de Rumsfeld no interior do CIMB como ex-

---

[152] Em 1997, Samuel P. Huntington no livros "O choque das civilizações" alerta sobre uma possível aliança entre chineses e muçulmanos, propondo uma estratégia de contenção ocidental através do uso da pressão política e econômica e da intervenção militar quando necessário (ALBUQUERQUE, 2011). A intenção de Huntington era ocultar as verdadeiras razões geopolíticas e econômicas das nações líderes do Ocidente, onde o objetivo, especialmente norte-americano, é apoderar-se das ricas jazidas de petróleo da região e deter a expansão do poder militar chinês (HARVEY, 2003).
[153] Disponível em http://www.lawrei.eu/MRA_Alliance/?p=3333. Acessado em 05/10/2010.

empresário e autor do projeto do "Fundo de Emergência de Combate a uma Possível Pandemia Global", espera-se demonstrar essas ligações profundas e promíscuas entre militares, indústrias de biodefesa[154] e governo norte-americano.

A (re)estabilização hegemônica via acumulação por espoliação

A emergência do Complexo Industrial-Militar-Biotecnológico (CIMB) ocorre num momento histórico semelhante aquele dos anos 1970-80, onde os EUA investiram em tecnologia de uso *dual* (FIORI, 2007), ampliando o potencial do efeito *spin-off* (DAGNINO, 2008) da conversão de tecnologias militares para uso civil, caso dos celulares, do GPS e da internet.

Em verdade, as tecnologias do CIMB já vinham experimentando importante desenvolvimento no período da Guerra Fria, quando foram criados diversos laboratórios especializados na produção de vírus, bactérias e vacinas em massa (MILLER, ENGELBERG e BROAD, 2002), e agora demonstram suas potencialidades de lucro também no mercado civil para as empresas norte-americanas:

"A fabricação, o transporte e a produção em massa de vírus e bactérias resultam em gastos menores se comparados às armas nucleares. Laboratórios foram criados para estudos biotecnológicos, massificando a produção de vírus e bactérias, bem como de antibióticos e vacinas para combater as doenças criadas e modificadas geneticamente nos laboratórios. O exemplo clássico desses laboratórios encontrava-se na base militar de *Fort Detrick*, em Maryland" (MILLER, ENGELBERG e BROAD, 2002, p.53).

Com a interrupção da longa fase de crescimento econômico mundial decorrente do *boom* do comércio internacional, a partir de 2008, são resgatadas velhas táticas pela potência hegemônica para fugir da crise novamente "para a frente". Assim, David Harvey (2003) retoma os conceitos de acumulação por espoliação e de imperialismo, descrevendo as atuais guerras de intervenção na periferia como remoção dos obstáculos políticos ao movimento de capitais sobreacumulados nos países centrais.

A acumulação por espoliação decorre do excedente de capital (capital ocioso) nos países centrais, que necessita da liberação de um conjunto de ativos a um custo muito baixo, condição mais facilitada na periferia em

---

[154] O termo biodefesa é referenciado por senadores norte-americanos em projetos de lei que vinculavam somas bilionárias para a fabricação de vacinas contra "possíveis ataques terroristas" ou "pandemias da globalização".

razão das práticas imperialistas. Exemplo clássico de acumulação por espoliação, o colonialismo europeu em terras africanas e sul-americanas representou a apropriação das terras indígenas para a exploração de metais preciosos e outros recursos naturais. Outro exemplo, a biopirataria significa a apropriação da natureza pelo patenteamento e licenciamento de material genético dos ecossistemas localizados na periferia pelas empresas transnacionais.

Portanto, o conceito de acumulação por espoliação é indissociável da sobreacumulação de capital, e demonstra a capacidade do *hegemon* de reestruturar a economia global em tempos de crise. Analogamente ao período da Guerra Fria, quando os CIM's orientavam a tomada de decisões políticas para o processo de reprodução ampliada do capital, com a participação dos próprios militares norte-americanos; atualmente, o senado norte-americano coloca novamente em pauta a expansão dos CIM's, agora na forma de criação de uma "Indústria de Biodefesa", alegada como necessidade para proteger a população civil e as tropas militares norte-americanas estacionadas nos quatro cantos do mundo contra um possível ataque biológico. O até hoje elucidado caso das cartas com Antraz direcionadas a diversos órgãos públicos[155] e os atentados do 11 de Setembro são rotineiramente lembrados pelos congressistas para justificar a emergente indústria de biodefesa.

Como as ações militaristas do *hegemon* precisam ser aceitas pela comunidade internacional, então precisam ser disfarçadas em discursos de "hegemonia benevolente" (FIORI, 2007), uma espécie de coerção consentida (HARVEY, 2003). Desta forma, interesses políticos e militares aparecem mesclados no *soft power*, visando a convencer outros países quanto ao exercício benéfico do poder do *hegemon* (GARCIA, 2010). Nesse sentido, os discursos de "guerra contra o terrorismo" ocultam o propósito de justificar as coalizões lideradas pelos Estados Unidos e OTAN contra governos hostis do Oriente Médio e Norte da África. Assim, Afeganistão, Iraque e Líbia sofreram intervenções militares ocidentais sob o pretexto de erradicação do terrorismo e de implantação da democracia, quando o objetivo maior era a apropriação das jazidas petrolíferas e gasíferas destes países para sua exploração por empresas ocidentais (HARVEY, 2003).

As estratégias de acumulação englobam ainda a expansão dos CIM's e o uso das tecnologias *duais* nos mercados civis, agora incorporando as

---

[155] Segundo teorias da conspiração em voga, a produção do medo nos EUA acerca de ataques biológicos foi orquestrada a partir do próprio *establishment*, uma vez que a "assinatura química" do Antraz reportara aos próprios laboratórios norte-americanos do período da Guerra Fria.

indústrias farmacêuticas e de biotecnologia e seus *lobbies* junto ao congresso norte-americano (FLORES, 2002). Os bilionários investimentos públicos programados nos CIMB's viabilizam a reestruturação econômico-territorial na América, e cujos efeitos poderão reverberar por todo o mundo.

Donald Rumsfeld e o caso TAMIFLU

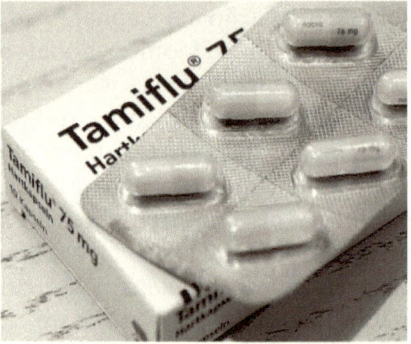

Em 2008-2009, a mídia internacional noticiou uma suposta letalidade elevada do vírus da gripe H1N1, associada a sua característica de pandemia global, provocando verdadeira histeria planetária[156]. Falava-se inclusive na repetição da terrível gripe espanhola, que dizimou parcela expressiva da população ocidental no inicio do século passado.

Em 2005, outra histeria fabricada havia sido ensaiada com o surto da gripe aviária. Mas foi com o H1N1 que o governo Bush alcançou criar o bilionário "Fundo de Emergência para Combate a uma possível Pandemia Global", base financeira de novos ramos do CIMB. Seu secretário de Defesa Donald Rumsfeld, fora justamente presidente da empresa *Gilead Sciences Inc.* no período de 1997 a 2001, e atualmente ainda possui ações dessa companhia. Essa empresa de biotecnologia era quem detinha os

---

[156] Um dos principais meios de comunicação *on-line* brasileiro noticiou de três a quatro vezes por dia, entre junho e julho de 2009, sobre a possibilidade da pandemia H1N1 chegar ao país. Noticiava ainda quase que instantaneamente os casos de óbito ocorridos no país naquele ano. Disponível em http://veja.abril.com.br/noticia/saude/arquivo. Acessado em 11/09/2009.

direitos patenteados[157] do antiviral TAMIFLU, o único medicamento reconhecido oficialmente como eficiente para o tratamento da gripe H1N1.

Rumsfeld sempre fora ligado à política, iniciando sua carreira pública em 1957, aos 25 anos, como assistente no Congresso dos EUA. Em 1962, foi eleito deputado pelo Partido Republicano, e reeleito, sucessivamente, em 1964, 1966 e 1968. Como adepto dos ideais republicanos, sempre defendeu uma política de defesa agressiva, o que lhe rendeu em pouco tempo o respeito dos militares[158]. Em 1975, tornava-se o mais jovem secretário de Defesa dos EUA.

Rumsfeld afastara-se da vida política brevemente em razão da ascensão dos democratas ao poder, então assumindo a administração da *GD Searle* (1977-1985), empresa do ramo farmacêutico de renome internacional, onde alcança ganhar importantes prêmios como o *Outstandin Chief Executive Office* (1980). Paralelamente, presidia a *General Instrument Corporation* (1980-81)[159], empresa especializada na fabricação de produtos de alta tecnologia.

Em 1997, Rumsfeld assume a presidência do conselho da *Gilead Sciences Inc.*, permanecendo até 2001, momento em que retorna à vida pública como secretário de Defesa de George W. Bush. O *site* da *Gilead Sciences Inc.* disponibiliza matéria sob o título *"Donald H. Rumsfeld Named Chairman of Gilead Sciences"[160]* (*Foster City, CA - January 3, 1997*), relatando sua íntima ligação com as empresas de biotecnologia, o governo e os militares[161].

De fato, a partir de seu retorno à vida política em 2001, Rumsfeld aprova projetos que favorecem justamente as empresas pelas quais passou e que continua como acionista, caso da *Gilead Sciences Inc.* Os lucros dessa empresa tiveram um salto extraordinário já em 2005, arrecadando em torno de US$ 1 bilhão, quantia quatro vezes maior do que um ano antes, quando sua receita alcançara US$ 258 milhões. Foi exatamente em 2005 que Rumsfeld mesclou interesses privados e estatais ao apresentar uma carta ao senado alertando da necessidade de proteger as tropas norte-americanas estacionadas pelo mundo contra as novas gripes que surgiam. Essa manobra fez com que o governo norte-americano comprasse 58

---

[157] No momento em que o pânico dominava o mundo, a única empresa detentora da patente do TAMIFLU era a *Gilead Sciences Inc.*, que junto com a Roche, produziam e comercializavam esse medicamento.

[158] Disponível em http://www.biografiasyvidas.com/biografia/r/rumsfeld.htm. Acessado em 02/10/2010.

[159] Disponível em http://www.defense.gov/specials/secdef_histories/bios/rumsfeld.htm. Acessado em 08/10/2010.

[160] "Donald Rumsfeld nomeado presidente da *Gilead Sciences Inc.*" (Tradução nossa).

[161] Disponível em http://www.gilead.com/wt/sec/pr_933190157/. Acessado em 19/05/2011.

milhões de dólares em doses do TAMIFLU, através do "Fundo de Emergência de Combate a uma Possível Pandemia Global".

Em 2008, a *Gilead Sciences Inc.* anuncia outro *boom* em sua receita agora batendo em 5,34 bilhões de dólares, crescimento de 26% em relação a 2007. É perceptível nessa ascensão da arrecadação da empresa sua correspondência com os períodos das supostas pandemias gripais, quando as vendas dos medicamentos antigripais ascendem na mesma proporção. O Gráfico 1 apresenta justamente essa correlação positiva entre a ascensão dos lucros da empresa *Gilead Sciences Inc.* em 2004 e 2005 com os picos de casos da gripe aviária (ainda que particularmente centrados nos países asiáticos), e em 2007 e 2008 com os picos de casos da "gripe suína".

Gráfico 1: Lucros da *Gilead Sciences Inc.* de 2004 a 2008 em bilhões de US$

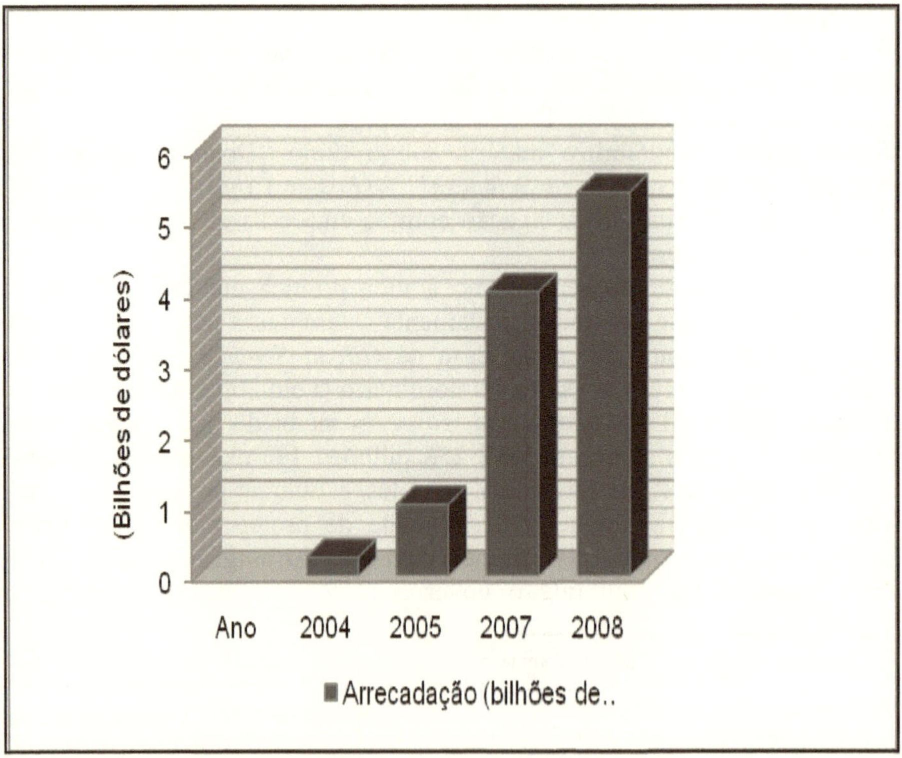

Org: RUNDVALT, 2011.

GILEAD

Advancing Therapeutics.
Improving Lives.

A *Gilead Sciences Inc.,* apesar de uma das mais novas empresas no ramo da biotecnologia (iniciando seus trabalhos apenas em 1987), cedo se destacou na produção de medicamentos para o tratamento do vírus HIV, além de comercializar várias drogas para o tratamento de gripes dos tipos "A" e "B". Mas mesmo com este portfólio, a empresa apresentou *déficits* no orçamento, até que em 1991 consegue financiamento privado para desenvolver bloqueadores no tratamento de câncer.

A empresa investiu em torno de 93 milhões de dólares, em 8 anos de pesquisa, para apresentar ao mercado seu primeiro produto, o VISTIDE, usado no tratamento de infecções nos olhos, de modo que em meados da década de 1990 seu crescimento já era inegável.

Mas novos patamares de lucro da empresa somente ocorrem com a aproximação do Estado norte-americano, beneficiada por mecanismos de compras governamentais direcionadas a seu portfólio. Somente então as vendas dos medicamentos patenteados pela empresa aumentaram em 501%, no curto intervalo de 1998 a 2001, antes mesmo do TAMIFLU[162].

Com a explosão da demanda de antivirais capazes de conter uma possível pandemia global de gripe, a empresa procura por parcerias com concorrentes de porte mundial. Essas parcerias servem para aumentar a base de produção e a rede de comercialização de alguns medicamentos. É o caso da gigante Roche, com quem acabaria se fundindo para originar uma das maiores parcerias mundiais no ramo. Conforme o site da própria *Gilead Sciences Inc.*:

"(...) a ameaça global de uma pandemia de gripe aviária em potencial tem desafiado os governos, as autoridades de saúde pública e a indústria farmacêutica as quais se unem em parceria com o propósito de estabelecer um plano global de luta contra esta doença mortal. Além desta ameaça, a

---

[162]Disponível em http://www.fundinguniverse.com/company-histories/Gilead-Sciences-Inc-Company-History.html. Acessado em 05/10/2010.

gripe sazonal também aponta surtos e resulta em centenas de milhares de mortes anualmente em todo o mundo. E nesse momento a nossa disputa terminou com a Roche, em um esforço para trabalhar em conjunto, com a máxima diligência para resolver esta necessidade de saúde pública global (16/11/2005)"[163].

As empresas anunciaram que a fusão se deu para a produção e comercialização em larga escala do antiviral TAMIFLU[164], e ocorre no mesmo mês e ano em que o senado norte-americano aprovara o "Fundo de Emergência para Combate e uma Possível Pandemia Global", logo depois do alerta do secretário de Defesa Donald Rumsfeld da necessidade de vacinação das tropas americanas contra as novas gripes.

Essa fusão entre as duas gigantes corporativas encerrava as disputas comerciais entre ambas, aproveitando as oportunidades da exploração conjunta de mercados globais viabilizados pelo capitalismo financeiro e pela formação de monopólios internacionais. Nesse novo modelo, "as empresas deixam de lado a competição direta para explorarem novos mercados através do desenvolvimento de novas técnicas e da maximização das estruturas logísticas." (SANTOS, 2007, p. 46).

Ao "salvar o mundo" das pandemias gripais, os Estados Unidos fortalecem o discurso de hegemonia benevolente, o que acaba servindo de substrato ideológico para justificar a retomada do padrão de acumulação de capitais pela via da espoliação (HARVEY, 2003), isto é, fabricação de legitimimação do discurso da guerra.

Considerações Finais

Neste artigo apresentamos o caso dos lucros exorbitantes advindos da produção do antiviral TAMIFLU, e que lançam questionamentos que vão para além de meras teorias conspiratórias, onde desvelamos as ligações entre militares, políticos e industriais nos Estados Unidos no actual período de crise de acumulação e de hegemonia.

Essas profundas ligações entre meio militar e político e as indústrias de biotecnologia manipulam parte crescente do orçamento público dos Estados Unidos em benefício de umas poucas empresas e líderes influentes.

Presenciamos uma espécie de *dèja vu* quando lembramos a denúncia do presidente D. Eisenhower, ainda na década de 1950, da manipulação do

---

[163] Disponível em http://www.gilead.com/pr_783456. Acesso em 02/10/2010 (Tradução nossa).
[164] Somente os *royalties* pagos à Roche referentes ao TAMIFLU quase alcançaram os 500 milhões de dólares.

A Última
Cultura
Finis
Mundi

orçamento e da opinião pública do país pelos militares e os CIM's. Agora, a "vontade política" dos EUA formada nos altos escalões políticos e militares aprofunda os complexos industriais e militares ao integrarem as novas tecnologias biológicas.

Desde as guerras gerais do capitalismo monopolista de Estado e também nos períodos de crise sistêmica, que as estratégias imperialistas ligadas ao desenvolvimento de tecnologias de uso *dual* são mobilizadas pelos países centrais para retomarem a reprodução capitalista ampliada, ainda que pela velha forma de sempre: a produção do medo.

Referências

ALBUQUERQUE, Edu S. **Uma Breve História da Geopolítica.** Rio de Janeiro, CENEGRI, 2011.

DAGNINO, Renato. **Em que a economia de defesa pode ajudar nas decisões sobre a revitalização da Indústria de Defesa brasileira.** REVISTA OIKOS, Rio de Janeiro, nº 9, ano VII, 2008, ISSN 1808-0235.www.revistaoikos.org, pgs 113-137

FIORI, José L. **A nova geopolítica das nações e o lugar da Rússia, China, Índia, Brasil e África do Sul.** REVISTA OIKOS | Rio de Janeiro | nº 8, ano VI • 2007 | ISSN 1808-0235 | www.revistaoikos.org | pgs 77-106.

_____. **Sobre o poder global.** Revista novos estudos, novembro/2005, pgs 61-72.

FLORES, Mario Cesar. **Reflexões estratégicas:** repensando a defesa nacional. São Paulo: Ed. Realizações, 2002.

GARCIA, Ana Saggioro. **Hegemonia e Imperialismo: Caracterizações da ordem mundial capitalista após a II Guerra Mundial.** REVISTA ON LINE TRABALHO NECESSÁRIO | nº 8, ano 10 • 2010 | ISSN 1808-799X| http://www.uff.br/trabalhonecessario | pgs 1-20.

HARVEY, David. **O Novo Imperialismo.** São Paulo. Loyola, 2003.

MILLER, Judith; ENGELBERG, Stephen; BROAD, William. **Germes:** As Armas Biológicas e a Guerra Secreta da América. Trad. Maria José Figueiredo. Rio de Janeiro: EDIOURO, 2002.

SANTOS, Milton. **Por uma outra globalização: Do pensamento único à consciência universal.** Rio de Janeiro: RECORD, 14º ed. 2007.

A Última
Cultura
Finis
Mundi

Referências Eletrónicas

Baxter, Tamiflu, Rumsfeld e gripe das aves: Contaminação e tratamento Disponível em: http://www .lawrei.eu/MRA_ Alliance/?p = 3333. Acessado em 05/10/2010.

Biografias y vidas: Donald Rumsfeld: Disponível em: http:// www.biografiasyvidas.com/biografia/r/rumsfeld.htm. Acessado em 02/10/2010.

Bush sanciona lei para combater bioterrorismo: Disponível em: http://www.bbc.co.uk/portuguese/reporterbbc/story/2004/07/040721_washington.shtml. Acessado em 09/10/2011.

Company Histories e Profiles: Gilead Sciences Inc: Disponível em: http://www.fundinguniverse.com/company-histories/Gilead-Sciences-Inc-Company-History.html. Acessado em 05/10/2010.

Donald Rumsfeld, January 20, 2001 – December 18, 2006: 21st Secretary of Defense: Disponível em: http://www.defense.gov/ specials/ secdef_histories/bios/rumsfeld.htm. Acessado em 08/10/2010.

Donald Rumfeld Named Chairman of Gilead Sciences: Disponível em: http://www.gilead.com/wt/sec/pr_933190157/. Acessado em 19/05/2011

Gilead and Roche End Tamiflu® Dispute; Expanded Collaboration Includes Gilead Role in Oversight of Manufacturing and Commercialization: Disponível em http://www.gilead.com/pr_783456. Acessado em 02/10/2010.

CRÓNICA DE DAMASCO
Manuel Ochsenreiter

Ex-redactor do semanário *Junge Freiheit*, actual chefe de redacção da revista *Zuerst!*, ambos na Alemanha, e correspondente do *GeoPol* e da *Finis Mundi* em Portugal.

Damasco - De acordo com a comunicação social ocidental, a Síria encontra-se em plena "guerra civil". Grupos como o Observatório dos Direitos Humanos da Síria, sedeado em Londres, disseminam afirmações extravagantes acerca de um número desmesurado de vítimas (afirmam já terem morrido cerca de 20.000 pessoas) às mãos das forças de segurança do Estado sírio. Aos jornalistas independentes, dizem, é vedada a entrada na Síria e o regime não permite o exercício de uma imprensa livre.

Com base em tais relatos os visitantes esperam deparar-se com um país em estado de choque, paralisado pela guerra, completamente destruído. Mas quando cheguei a Damasco a 12 de Julho com um visto de jornalista como repórter da ZUERST! não testemunhei nenhuma dessas cenas. Fui de Beirute para Damasco por via terrestre, embora muitas pessoas me tivessem avisado que tal não era seguro, pois os rebeldes do Exército Livre Sírio (ELS) afirmavam controlar cerca de 85% do território. Mas quando cruzei a fronteira do Líbano para a Síria, deparei-me com o habitual tráfego

fronteiriço – nenhuma fuga em massa de refugiados, nada de pânico, nenhum combate à vista. A estrada até Damasco tinha várias operações stop do exército sírio, mas encontrava-se calma e segura.

Encontrei Damasco plácida e serena, o dia-a-dia normal. Fiquei no centro da cidade, no quarteirão de al-Bahsa. As lojas estavam abertas e havia pessoas e carros nas ruas. Nas paredes, os rostos do presidente Bashar al-Assad e do seu pai, Hafez, observavam a vida na capital – umas vezes com ar afável, outras com ar sério, por vezes em roupa civil, noutras de uniforme e ainda noutras envergando óculos de sol.

Tinha lido acerca da operação de invasão da capital em curso pelo ELS, mas não havia quaisquer sinais de guerra nas ruas de Damasco. Passeei pela cidade, falando com comerciantes, taxistas, pessoas da rua, polícias, mulheres tanto com lenços quanto com roupa ocidental. A resposta foi sempre a mesma – a imprensa internacional está a destorcer completamente os acontecimentos. A Al-Jazeera, sedeado no Qatar, foi particularmente criticada.

A 16 de Julho, desloquei-me à antiga aldeia cristã de Maalula, a cerca de uma hora de Damasco. Os habitantes de Maalula descendem das tribos semitas que habitaram o deserto sírio e parte da Mesopotâmia há catorze séculos. O mosteiro de Mar Sarkis foi construído sobre as ruínas de um templo pagão. A sua arquitectura bizantina contém um dos poucos altares cristãos originais. Contém também uma colecção única de ícones religiosos dos séculos XVII e XVIII. Trata-se de um dos poucos locais onde ainda podemos encontrar quem fale aramaico, a língua falada por Jesus.

Novamente, a estrada era segura. Havia muitos autocarros nas ruas, cujos destinos eram Hama, Homs e Aleppo. Entrevistei os habitantes do mosteiro ortodoxo grego de Mar Tekla, os peregrinos cristãos árabes e outros visitantes. Todos partilhavam a opinião de que o presidente Bashar tirará o país da crise e que os muçulmanos e os cristãos sírios poderão conviver pacificamente. Uma freira disse-me que "esta cidade e a sua igreja foram fundadas nos rochedos da Síria. Simbolizam a estabilidade e o poder da Síria. Vamos sair desta crise."

A Síria é uma sociedade multiconfessional e os cristãos constituem 10% da população. A cidade de Aleppo é a maior número de cristãos alberga. Os cristãos estão presentes em todos os aspectos da vida síria – economia, meio académico, ciência, engenharia, artes, entretenimento e na arena política. Alguns são oficiais das Forças Armadas. Preferiram misturar-se com os muçulmanos em vez de criaram unidades e brigadas cristãs à parte, e como tal combateram lado a lado com os seus compatriotas muçulmanos contra as forças israelitas em vários conflitos.

Regressei a Damasco pela cidade de al Tel, ocupada brevemente pelo ELS até à recuperação desta por parte do exército. Ainda se notam os vestígios das forças rebeldes e dos seus apoiantes – ou seja, os graffiti nas paredes a comemorar não a liberdade ou a democracia, mas os pregadores islâmicos mais extremistas. Também se viam ameaças pintadas nas lojas – "Façam greve ou ardam!" – num esforço para coagir os comerciantes a fazerem greve de modo a pressionar o governo. Os políticos ocidentais têm uma ideia errada acerca da "Primavera Árabe" síria. Há pouca ou nenhuma oposição liberal e progressiva; o próprio ELS resulta da união de diferentes grupos milicianos, incluindo marginais, mercenários e jihadistas.

A 15 de Julho os rebeldes lançaram aquilo a que chamaram "Vulcão de Damasco", o seu assalto militar à capital, afirmando ser uma operação decisiva. Mas em al-Bahsa só dei conta de se encontrarem alguns helicópteros a sobrevoar alguns dos subúrbios, e a ocasional explosão, a cerca de cinco quilómetros de onde me encontrava. Continuava o dia-a-dia nas ruas, pese embora os relatos da imprensa ocidental acerca do inferno em que se encontrava a capital. Na maior parte da cidade a única coisa que estava a queimar eram os cachimbos dos clientes dos cafés. A guerra estava confinada a poucas zonas, como Al-Midan. As explosões duraram algumas horas, pararam e recomeçaram. O centro da cidade encheu-se com os residentes das zonas afectadas, e à noite os soldados dos pontos de controlo pediram-me o passaporte. Fora isso, não havia qualquer sinal de conflito.

Tal alterou-se na quarta-feira de 18 de Julho, quando uma bomba vitimou vários membros do governo e chefes dos serviços de segurança durante uma reunião ministerial. Faleceram o ministro da Defesa, o general Dawoud Rajiha – Assef Shawkat, cunhado do presidente e secretário de Estado da Defesa – o general Hasan Turkmani, assistente do vice-presidente, e Hafez Makhlouf, chefe da secção de investigações dos serviços secretos. Encontrava-se na sede da televisão estatal quando ouvi as notícias. Estavam todos em choque, e algumas funcionárias não conseguiram conter as lágrimas. Entretanto, Bruxelas e Washington regozijaram-se com os assassinatos enquanto os islamistas dançavam nas ruas de Tripoli.

Entretanto, continuava a "batalha de Damasco".

Passados quatro dias já toda a gente se tinha habituado ao som das bombas e dos helicópteros. Aproveitei e visitei o hospital militar de Damasco, no qual falecem uma média de quinze soldados por dia, vítimas dos seus ferimentos – cerca de 450 soldados por mês, isto só em Damasco. Entrevistei vários soldados feridos, falei com as suas famílias e os seus médicos.

Recordo particularmente a entrevista que fiz a um capitão de 34 anos do exército que teve a sorte de sobreviver a um ataque rebelde. A sua unidade tinha sido encurralada pelos rebeldes, que os alvejaram com granadas de rocket e metralhadoras de alto calibre. Um par dos seus camaradas morreu durante o ataque, foi ferido mas sobreviveu à primeira vaga. Mesmo ferido e prostrado manteve o fogo. Quando o vieram salvar ficaram também sob o fogo dos rebeldes. Acabaram por o levar para a segurança de um edifício, mas só passadas algumas horas é que conseguiram sair. Quando chegou ao hospital tinha perdido tanto sangue que se encontrava quase inconsciente.

"Pedi aos meus camaradas que me matassem antes de ser capturado pelo inimigo."

Perguntei-lhe porquê, a sua resposta perturbou-me: "torturam-nos até à morte, cortam-nos as mãos e as gargantas caso nos apanhem vivos."

Partia do pressuposto de que os rebeldes não eram sírios, mas oriundos de muitos países, principalmente da Líbia, dos Estados do Golfo, do Iraque, Afeganistão e Paquistão – jihadistas e mercenários que matam por petrodólares. Andes de sair do hospital mostrou-me uma foto das suas duas filhas e disse-me fervorosamente que estava a lutar pela liberdade delas.

O director do hospital mostrou-me onde tinha aterrado uma granada de morteiro disparada no dia anterior, que felizmente não explodira. Também havia buracos de balas nas paredes. Os rebeldes atacaram o hospital várias vezes, mas a ONU, a Amnistia Internacional ou a Human Rights Watch pareceram não ter interesse nestas violações das convenções de guerra.

À medida que os combates continuaram, toda a cidade se tornou enervada. Os comerciantes começaram a fechar as lojas ao princípio da tarde; queriam certificar-se de que voltavam para as suas famílias. Alguns levavam o dinheiro e os objectos de valor consigo. Temiam que as lojas fossem pilhadas – pelos rebeldes, não pelo Exército – caso os combates chegassem ao centro da cidade.

Na sexta-feira de 20 de Julho, enquanto estações pró-rebeldes como a Al-Jazeera e a Al-Arabia emitiam histórias acerca da guerra sem quartel na capital, eu ouvia os pássaros a cantar nos lindos parques da cidade e observava enquanto os damascenos desfrutavam o seu fim-de-semana. Até as explosões nos subúrbios tinham parado. A emissora estatal noticiou que o ataque rebelde tinha sido repelido e que as forças de segurança se encontravam a limpar os subúrbios dos rebeldes que sobravam.

Desconfiei se seria verdade ou mera propaganda estatal. Decidi ir a Al-Midan, onde os combates tinham sido mais intensos. Havia muitos soldados e veículos militares no centro da zona. O oficial encarregue da esquadra de polícia principal recebeu-me e mostrou-me os arredores.

Ainda havia tiroteios a cerca de 500 metros, e ouvi o som de uma metralhadora de alto calibre. Levaram-me num veículo blindado à zona de combate, no limiar de Al-Midan. Havia traços da guerra em todo o lado. Os soldados disparavam protegidos contra um edifício onde se encontravam atiradores furtivos. Tivemos que nos movimentar rapidamente de casa para casa, algumas das quais ainda a fumegar. Os cadáveres dos rebeldes ainda estavam nas ruas. O rosto de pelo menos um deles era notoriamente não-arábico; parecia ter vindo do Afeganistão. Questionei-me sobre quem lhe teria pago a viagem, e porque razão estaria mesmo ele a combater.

Enquanto ainda estávamos a ver os cadáveres, chegou um veículo carregado com o equipamento e as armas dos rebeldes. O condutor mostrou-me o que tinham encontrado no centro de controlo do ELS: enormes quantidades de munições, armas automáticas, metralhadoras e uniformes do Exército sírio, utilizados para desacreditar o Estado e confundir os civis. Duvidei se isto não seria uma encenação destinada aos jornalistas ocidentais: teria o Exército preparado um cenário para a minha visita? Contudo, quando cheguei, o combate ainda estava a decorrer, e ninguém teria tido tempo para "preparar" os cadáveres; a área estava "fresca". Acredito que o que testemunhei era autêntico.

Encontrei-me com o porta-voz do ministério dos Negócios Estrangeiros, o Dr. Jihad Makdissi, no dia em que este teve que lidar com aquilo que a Al-Jazeera apodara de "Massacre de Trimseh". Esta afirmava que o regime tinha chacinado mais de 200 civis nessa aldeia, mas mais tarde soube-se ter sido um combate entre o Exército e o ELS. O Dr. Makdissi, que estuou no Reino Unido e fala fluentemente o inglês, repetiu pacientemente, uma e outra vez, nas conferências de imprensa os factos – as forças de segurança tinham morto 37 rebeldes e dois civis num ataque à vila que os rebeldes estavam a utilizar como base para lançarem ataques a outras áreas. Sustentou que ao contrário do que a Al-Jazeera afirmava as forças governamentais não tinham utilizado aviões, helicópteros, tanques ou artilharia e que as armas mais pesadas utilizadas tinham sido rockets atiradores de granadas

Abandonei Damasco a 21 de Julho, dirigindo-me para o Líbano. Planeei ir novamente de carro. Vários sírios alertaram-me de que seria uma viagem perigosa e de que a fronteira com o Líbano estaria repleta de refugiados. Mas quando perguntei onde tinham obtido tais "informações" mencionaram sempre a Al-Jazeera e a Al-Arabia. Então, embora me sentisse apreensivo, confesso-o, decidi ir ver por mim mesmo. Mas eis que a estrada para a fronteira estava calma, sem muito trânsito. O meu passaporte foi examinado em vários postos de controlo, e foi só. No posto fronteiriço havia realmente muitas pessoas, mas não se tratava de um caos, nem de uma massa de refugiados. A saída do país não demorou mais que 20 minutos.

A última surpresa ocorreu no lado libanês da fronteira. Ali vi pela primeira vez a bandeira rebelde verde, branca e negra. Logo à saída do posto fronteiriço libanês estavam uma dúzia de equipas de televisão ocidentais, à espera de "refugiados". Algumas delas estavam a pagar aos entrevistados em dólares por entrevistas curtas; e quanto mais selvagem a história, mais pareciam gostar dela. Aparentemente a realidade não é de grande importância quando a comunicação social ocidental menciona a Síria.

ENTREVISTA SOBRE A "ESCRITA FEMININA" COM LÍDIA JORGE

Fabio Mario da Silva
(Universidade de Évora/CLEPUL/Bolseiro da FCT)

Segundo Elaine Showalter (cf. 1982:17), houve três fases pelas quais passaram a mulher e a escrita feminina nos últimos tempos. Numa primeira fase, que denominou de *escrita feminina*, a mulher imitava a escrita masculina como forma de se afirmar; a segunda é denominada como *escrita feminista*, que coincide com o aparecimento das sufragistas lutando pelo voto; e a terceira e última seria a fase da *escrita fêmea*, surgida desde os anos 20, com ênfase de conscientização nos anos 60, demonstrando uma fase de expressão mais madura da feminilidade. Desde então, vários teóricos e leitores críticos têm se debruçado sobre esta temática, mas, em muitos casos, a maioria esquece de recorrer às escritoras suas contemporâneas para tentar compreender como as produtoras deste tipo de "escrita" entendem esta problemática teórica.

Sentindo esta lacuna nos meus estudos, elaborei uma entrevista com a escritora Lídia Jorge, concedida em Lisboa a 5 de julho de 2011, que serviu como anexo e suporte teórico para a elaboração da minha tese de doutoramento em Literatura pela Universidade de Évora, que se centra em questões que vêm cada vez mais tendo espaço no universo acadêmico português, o campo dos estudos de gênero. Lídia Jorge traz assim seus contributos para o entendimento se seria possível a existência de uma "escrita feminina" e quais seriam as suas nuanças. Esta visão é deveras importante, pois, além do contributo de uma das principais e mais conceituadas escritoras portuguesas contemporâneas, leva-nos a repensar, não apenas o papel da mulher na sociedade, mas como as próprias mulheres se veem e como vão ocupando o espaço que lhes foi historicamente negado. Por fim, ao levantarmos questões referentes à diminuição de poetisas portuguesas e ao forte crescimento das prosadoras, Lídia Jorge revela então sua visão astuta e minuciosa sobre temas que permeiam atualmente o debate crítico em Portugal e que causam ainda hoje um certo desconforto crítico e incredulidade dos mais conservadores.

1 - Na sua opinião existe uma escrita feminina? (Se sim) Quais seriam as características desta escrita?

Na minha opinião existe escrita apenas. Agora existe uma escrita em que a perspetiva das mulheres está tão marcada, que não se pode deixar de dizer que ela é feminina. Isto é, tem uma marca tão forte que, do ponto de vista do género, parece de uma tal forma exposto, que o reconhecimento é imediato. Do ponto de vista do caráter da escrita, eu não faço distinção. Considero que é uma produção andrógina, mais do que isso, considero que não só na arte, mas, sobretudo, na escrita, aquilo que nós pretendemos fazer, quer seja homem, quer seja mulher, é transgredir o seu sexo. É experimentar ser o outro, de tal forma que nós queremos experimentar não só o outro género, como também outra idade, outro espaço, outra etnia. Portanto, sendo uma zona, digamos, de passagem, em que se atravessam todas as fronteiras, também a noção do género só aparece se nós voluntariamente procurarmos as marcas. Em relação às características desta escrita, temos que entrar na perspetiva histórica e na perspetiva antropológica da própria realização do corpo. Portanto, naturalmente que a noção da expressão da maternidade, a noção das sensações que são próprias do corpo feminino, elas acabam por estabelecer marcas daquilo que é o feminino, não é? Além disso, digamos, a questão propriamente da reivindicação da perspetiva de ser mulher é outra marca fortíssima.

Sobretudo, a questão do desejo da mulher que, em geral, não é bem expressa pelos homens. Como é um território de intimidade muito forte, é muito difícil os homens aperceberem-se, digamos, daquilo que é a expressão do desejo. A expressão tátil, a expressão própria da zona corporal. E aí (naquilo que diz respeito à experiência do corpo), eu acho que se nota muito fortemente aquilo que é a escrita feminina.

2 - Acha que seria privilégio das mulheres, ou existiria uma escrita feminina em textos escritos por homens? (Se sim) Que autores teriam uma escrita feminina?

Existe é uma outra coisa, é a convenção sobre aquilo que é a escrita feminina, como, por exemplo, uma das convenções é que aparece como um "eu" mais parado. Digamos, de um "eu" parado em torno de um movimento que se alarga em volta. Enquanto a escrita masculina seria ao contrário: se para a escrita feminina a realidade aparece como metáfora, na masculina aparece como uma transcrição daquilo que é a realidade da viagem do ser. Ora, o que acontece, por exemplo, nesse domínio? Um autor como Vergílio Ferreira é um autor muito mais feminino do que, por exemplo, a Agustina Bessa-Luís. Agustina Bessa-Luís, sendo uma escritora que abarca a história, abarca a viagem, abarca a distância, preocupa-se com a perspetiva da narrativa histórica em si. Estaria mais próxima daquilo que é a escrita masculina. Inclusive a tentativa de descrever o poder, que é muito mais frequentemente considerada como escrita masculina. Enquanto o Vergílio Ferreira escreve muito mais a partir do perdedor, a partir da vítima, a partir do que não se realiza. Sobretudo a partir do "eu" que se contempla e, portanto, uma escrita muito mais narcísica. Nesse caso, Proust é também um escritor feminino. Um autor que une as duas escritas é Kundera, que demonstra um "eu" narcísico que se debruça sobre si próprio e depois alarga para o histórico. Seria, portanto, um autor andrógino, no sentido completo da palavra.

3 - Nuno Catarino Cardoso publica, em 1917, uma antologia intitulada *Poetisas Portuguesas* e cita 106 autoras. Porém, atualmente, notamos uma gama maior de obras publicadas em prosa do que poéticas, feitas por mulheres; quais os fatores a que você atribui tal fenômeno?

Eu acho que é uma questão sociológica. As mulheres estão ansiosas de narrar o mundo que também é histórico. Eu acho que é isso. Digamos, a

poesia talvez não dê para as mulheres, neste caso as mulheres portuguesas, a dimensão total daquilo que é a transformação da sociedade. Eu acho que existe uma espécie de ansiedade em corresponder a essa transformação, já que a prosa é mais ampla e tem mais capacidade de falar próximo do histórico do que a poesia. Eu penso que as mulheres estão ansiosas por narrarem as suas próprias vidas e narrarem abertamente. Uma espécie de compensação daquilo que lhes foi negado. Porque a poesia foi ao longo dos anos, ao longo dos séculos, uma espécie de metaforização de uma realidade, enquanto a realidade lhes passava ao lado. Quer dizer, mesmo na própria Marquesa de Alorna, que é considerada um dos pontos máximos, há na sua escrita uma metaforização da sua própria realidade. Hoje há um desejo de não metaforizar apenas, mas passar a uma espécie de metonímia em relação à realidade – isto é, dizê-la por outras palavras, mas aproximar-se da realidade.

ENTREVISTA A VERNON COLEMAN
Wayne John Sturgeon

Wayne John Sturgeon – Pode, por favor, apresentar-se aos nossos leitores? O que o levou a escrever acerca de política?

Vernon Coleman – Escrevo sobre medicina desde que fui estudante de medicina nos anos 60 e desde a mesma altura que escrevo também acerca dos maus tratos animais, tais como a vivissecção.

Com o passar do tempo apercebi-me de que não vale a pena efectuar quaisquer campanhas sobre seja o que for dado não fazer qualquer diferença, pois todas as decisões são tomadas pelos burocratas da União Europeia (e já assim é há algum tempo). Então comecei a atacar a UE e a escrever em defesa da Inglaterra. O que foi extremamente útil, pois os meus ataques ao sistema médico e à industria farmacêutica mundial ainda não me tinham granjeado inimizades suficientes.

WJS – Como se descreveria politicamente? Como libertário?

VC – Sou completamente libertário. A liberdade é um dos direitos humanos mais prezados – contudo os governos estão, em todos os lados, a tentar acabar com ela. Agora que vivemos num sector da estadista e fascista UE é difícil ver como todos aqueles que se importam com a liberdade conseguem evitar tornar-se anarquistas. Oponho-me veementemente a todos os partidos políticos (pelas razões que expus em *Revolução Sem Sangue*) e ataco-os regularmente. Tenho andado a pensar em escrever uma sequela para o meu livro *Gordon é Um Idiota*, intitulando-a de *Clegg e Cameron São Uns Cretinos*.

WJS – Sei que toda a vida foi vegetariano. É também um devoto defensor dos direitos dos animais, opondo-se à vivissecção e aos desportos de sangue. Contudo, como médico, considera ser mais saudável uma dieta vegetariana ou uma que inclua carne? Comer carne é um erro por natureza ou opõe-se meramente ao modo como os animais são criados, como no caso das fábricas agrícolas?

VC – A carne causa cancro. Não se trata de uma mera opinião, é um facto. Mas é difícil espalhar a verdade. Os dados científicos encontram-se no meu portal. Creio lá ter 26 ensaios científicos.

Têm banido os anúncios dos meus livros. Até aquele pasquim horrível (trata-se da minha opinião pessoal) *Private Eye* os baniu. Podia irritar os leitores, disse o seu editor, Ian Hislop (ou, como lhe chamo, 'Milksop'). Há um ano ou dois diverti-me com *The Guardian* e *The Observer*, que tinham banido os meus anúncios. Comprei-lhes £60.000 de espaço publicitário. E, assim subitamente, mudaram de ideias e aceitaram os anúncios que antes tinham recusado.

WJS – Qual a sua opinião profissional acerca da possibilidade de um programa obrigatório de fluorização do nosso abastecimento de água? E a obrigatoriedade da vacinação nas crianças em idade escolar – principalmente no contexto das grandes empresas farmacêuticas?

VC – Sou contra ambos há mais de 40 anos. O meu livro mais recente intitula-se *Quem Lhe Disser que as Vacinas são Seguras e Eficazes Está a Mentir. Aqui Tem as Provas*. Enviamos cópias para resenha a todos os jornais, revistas, estações de rádio e televisão. Até ver o silêncio tem sido total. Ninguém se atreve sequer a falar do assunto, quanto menos a debatê-lo. O mesmo vale para a vivissecção. Os vivissectores recusam debater porque perdem sempre.

WJS – Qual a sua opinião acerca do 'Aquecimento Global'? Está a acontecer ou é um 'Engano Global'?

VC – É um embuste. O petróleo está a acabar. Como não se atrevem a dizer-nos isso, dizem-nos para reduzir o consumo para salvar o planeta. É um assunto que também recusam debater. A comunicação social foi comprada. A BBC não passa de uma voz estatal. Esse embuste serve para aprovarem toneladas de leis novas enquanto estamos ocupados e aterrados. Creio que o tempo desperdiçado a criar leis de treta na União Europeia nos custa, pelo menos, £20 mil milhões por ano.

WJS – Os seus livros *Apocalipse do Petróleo, O Que Virá a Seguir* e *2020* defendem que temos até 2020 antes das coisas piorarem a sério. Como vê a próxima década? Os dados acerca do 'pico do petróleo' são mesmo assim tão convincentes ou trata-se de outro 'embuste globalista' para aumentar o preço do petróleo?

VC – O óleo está a acabar. Estamos a dirigir-nos para uma grande depressão económica que irá durar gerações. A única coisa boa será a implosão da União Europeia. Que alegria não será!

WJS – Qual a sua opinião acerca da energia nuclear e dos alimentos geneticamente alterados?

VC – Há muito que sou contra toda e qualquer engenharia genética. É perigoso e uma péssima ciência. Desnecessária. A energia nuclear, por outro lado, é bastante necessária caso as pessoas queiram continuar a brincar com computadores.

Sem energia nuclear (mais segura do que todas as outras opções mais realistas) não haverá electricidade nenhuma. Na verdade, tal não me incomodaria. Tenho tochas, troncos e imensos livros. A Internet fez mais mal ao mundo do que o Hitler. Raios, causou mais estragos até do que a América.

WJS – Tem escrito muito acerca da ameaça de um super-Estado europeu, em particular do envolvimento do Partido Trabalhista tanto na destruição progressiva do povo inglês (*A Nossa Inglaterra*, *A Vida num País Fascista*, *O Relatório OFPIS* e *Gordon é um Idiota*) e na traição constitucional contra a soberania britânica. Tendo isto em mente, qual a sua opinião acerca do governo Tory e da actual crise económica europeia?

VC – Uma das minhas teorias é que tudo aquilo que os políticos, os burocratas e o grande patronato possam fazer para estragar ainda mais as coisas vai ser feito. Podem apostar nisso. A crise na União Europeia vai piorar. Mistura de ganância, dívida e incompetência. Cameron, Clegg e os restantes são uns cretinos. Não deviam sequer sair à rua sem a supervisão de um adulto.

WJS – Como podem as pessoas proteger as suas crianças, a sua liberdade, privacidade e liberdades civis num mundo cheio de câmaras de CCTV, cartões de cidadão, micho chips e cada vez mais poder policial?

VC – Mantenham-se longe da Internet. Utilizem dinheiro. Preencham o menor número possível de formulários. Mantenham o secretismo (ninguém sabe onde vivemos).

WJS – O capitalismo moderno será mesmo a livre iniciativa num mercado aberto ou uma forma de corporativismo liberal privilegiado pelo Estado aliado ao grande capital?

VC – Vivemos num país fascista. Uma combinação de estadismo com grande capital. É a definição de Mussolini. Foi ele que a inventou.

WJS – Vê algum interesse numa reforma monetária, no que diz respeito ao sistema bancário actual (de 'fracção de reserva') no qual todo o dinheiro é criado já não como moeda transacionável mas como um bem em si mesmo e como um juro causador de dívida?

VC – Regressem ao padrão ouro. Separem os dois tipos de banca. Detenham e prendam todos os donos dos bancos actuais.

WJS – Quais são os seus projectos actuais? Onde podem os nossos leitores encontrar mais informação acerca dos seus livros e de onde os podem comprar?

VC – Trabalho sempre em, pelo menos, dois livros. O mais recente de todos intitula-se *Os Médicos e as Enfermeiras Matarão Mais Pessoas do que o Cancro?* (Sim!) Costumava escrever livros para grandes editoras mas queriam que escrevesse sempre o mesmo livro uma e outra vez, portanto há já algum tempo que publico os meus próprios livros no Reino Unido. Vendo os direitos de edição no estrangeiro a outros editores.

Os editores 'sérios', os agentes literários e os críticos olham de lado para a auto-edição. Bem, um 'vão-se lixar' para eles! Vendi mais de dois milhões de livros. Um romance auto-publicado transformou-se num filme de £12 milhões. Só o refiro por querer encorajar as pessoas a auto-editarem-se. É a única opção. Cortem com o sistema literário. Há mais parvalhões a trabalhar lá do que nos bancos. Clegg teria dado um excelente agente literário. O Cameron seria um Relações Públicas de primeira a promover livros de cozinha escritos por celebridades da TV. Os meus livros em língua inglesa encontram-se disponíveis em www.vernoncoleman.com. Nada de eBooks, claro. Jamais.